编委会

中国法学会优秀课题成果文库
ZHONGGUO FAXUEHUI YOUXIU KETI CHENGGUO WENKU

刘艳红等◎著

中国反腐败立法研究

ZHONGGUO FANFUBAI LIFA YANJIU

撰稿人：刘艳红　魏昌东　钱小平　李　川　梁云宝
冀　洋　孟星宇　刘　春　夏　伟　凌　霞

本书是中国法学会“深入研究党的十八届四中全会精神”重点专项课题“加快推进反腐败国家立法研究”【课题编号CLS（2015）ZDZX04，主持人刘艳红教授】的主要成果，课题鉴定等级为优秀。

中国法制出版社
CHINA LEGAL PUBLISHING HOUSE

课题主持人：刘艳红　东南大学法学院教授

课题撰稿人：刘艳红　东南大学法学院教授

魏昌东　上海社会科学院法学研究所教授

钱小平　东南大学法学院副教授

李　川　东南大学法学院副教授

梁云宝　东南大学法学院讲师

冀　洋　东南大学法学院博士生

孟星宇　东南大学法学院博士生

刘　春　东南大学法学院博士生

夏　伟　东南大学法学院博士生

凌　霞　东南大学法学院博士生

中国法学会优秀课题成果文库

出版说明

为了全面推进课题研究成果的应用转化，繁荣法学研究，服务法治实践，推进法治中国建设，中国法学会特设立“中国法学会优秀课题成果文库”，集中推出反映当前我国法学研究前沿水平，具有重大理论价值、重大学术价值、重大应用价值的学术精品，充分发挥优秀成果和优秀人才的示范引领作用。凡入选成果文库的作品，均为中国法学会年度招标课题或委托课题中鉴定等级原则上为“优秀”，选题价值较大，创新性强，对重要领域或重要问题有较为系统深入的研究，具有较高学术价值或应用价值，文风严谨，符合学术规范和出版形式要求。从2016年开始，每年从当年结项的课题成果中精选出符合上述条件的作品，纳入“中国法学会优秀课题成果文库”，予以出版。

中国法学会

2016年12月

目　录

Contents

导　论

人类与现代腐败斗争的历史证明，将腐败治理纳入社会公共治理系统，建构完备而科学的反腐立法体系，是根治腐败的关键所在，对世界反腐败立法体系发展进程与规律的科学把握，将有助于中国反腐败立法体系完善战略的选择。建构与现代社会发展相同步的反腐败立法体系，是18世纪中叶以来率先步入现代化进程的英美等国立法建构与发展的重点内容。综观世界反腐立法体系的发展，在总体上是循着两条路线生成与发展的，不同反腐立法发展路线，产生了具有显著差异性的腐败治理效果。

一是以强化腐败预防立法体系建设为核心的发展路线，主要为英美、欧陆等率先进入现代化的国家所采用。扩张公共权力作为现代化的结果，导致了现代腐败的泛滥，为有效控制腐败，这些国家尝试从探究腐败发生的根源性原因入手，建构以防范、制约公共权力为中心的反腐法律制度体系，将腐败治理与国家治理、社会发展有机结合，从腐败发生的源头探寻使公共权力不能腐败、公共权力行使者不敢腐败的制度体系，从根本上缓解了公共权力与公共资源分配之间的紧张关系。根据对腐败的根源性思考而形成的积极治理主义理念为导向，这些国家相继建立起控制公共权力分配与运行中滥用机会与可能的制度体系。先现代化国家的反腐立法，由权力控制法、权力透明法与滥用权力惩治法三个子系统构成，以权力控制法的优先发展为起步，将权力透明法作为连接权力滥用法的桥梁，建构起具有内循环性的腐败控制系统。对英美腐败犯罪控制法的研究发现，腐败控制法始终是立法最为活跃的领域，其立法变动、调整速度远大于权力滥用惩治法的修正频率，以英国腐败惩治法为例，从 1916 年英国颁布修正的《预防腐败法》，进一步严格腐败犯罪的罪过原则，最大限度地提升惩治法的效力，直至 2003 年英国才根据社会经济发展变化的现实情况，特别是针对海外腐败犯罪治理的需要，再次提出修正《预防腐败法》的动议，在此期间，对权力控制法的修正已经过了多次大规模的调整，而权力滥用惩治法却基本保持稳定，美国的情况大体如此。

二是以强化腐败惩治立法体系为核心的发展路线，主要为中国以及其他后现代化国家所采用。基于加快社会发展、缩短现代化进程的需要，此类国家的公共权力得到了前所未有的扩张，由此导致腐败的盛行。面对腐败的泛滥，为迅速扼制腐败蔓延扩张的趋势，特别是受到此类国家法律文化传统中所固有因素的影响，这些国家普遍采取了以突出腐败惩治性措施为核心的立法战略。强调不断完善腐败惩治法，注重腐败的事后惩治，这种立法模式尽管使腐败得到了一定程度的控制，但是，根本无法实现腐败有效控制的目标，腐败治理的形势正日趋严峻。反腐败立法体系建设与发展路线选择，对腐败治理成效的影响重大。不仅如此，两种反腐败立法模式最根本的差异在于，所奉行的立法理念不同，前者是以积极治理主义为导向的立法活动，而后者则是以消极治理主义为导向的立法活动。

在我们看来，反腐立法体系的构建，不仅需要国家治理者与全社会的共同关注与积极推进，先进的立法理念、准确的立法功能定位、建构于对现代腐败衍生机理科学分析与准确把握基础上的立法体系与机制设计，是各国反腐立法现代化中受到特别关注，带有根本性与基础性的问题。当下中国的腐败治理，是中国社会发展与法治社会构建中的热点问题，建构起“不能腐”“不敢腐”与“不愿腐”，以及与之相配套的监督机构组织法体系，以提高立法对腐败“陈账”的清算能力、强化对腐败蔓延趋势的扼制能力、优化腐败治理机制的协同治理能力，是党的十八大以来以习近平同志为核心的中国共产党新的领导集体实施积极国家治理战略的重要方面。党的十八届四中全会明确将“坚定不移反对腐败”，与创新经济发展模式、推进党的群众路线教育实践活动，列为党的十八届三中全会以来中央政治局统筹国内国际两个大局的“三大支柱”，进一步显示了党中央对反腐败在新时期中国社会发展中所承载的重要使命的深刻认识。在此背景下，诸多新问题正成为反腐战略选择的重点。以强力推进“治标”为“治本”节省下来的时间应投向何方？如何从国际腐败治理中汲取经验，并加速其向本土资源的转化？反腐立法基点与重点应如何向前推移，法治化导向的“不敢腐”“不能腐”“不愿腐”立法体系应如何设计？权力必然衍生腐败而又必须得到扼制的目标，应当如何通过立法得到实现？以上述重大问题为导向，探寻合理的解决方案，使得本书的研究具有了重要的理论价值与实践意义。

第一章

国家现代化进程中的腐败问题

我们共处在一个和平的时代，如果要找到一个全球性的公敌，恐怖与腐败是当之无愧的对象，腐败的治理也由此成为现代国家必然而唯一的选择。自人类开启现代化进程以来，现代化在推进人类文明发展的同时，也异化为加速社会腐败的催化剂，传统腐败类型因现代化进程而发生的根本变化，对传统的腐败治理理念与模式提出挑战。中国自步入现代化进程以来，始终受到腐败问题的严重困扰，腐败治理成为影响国家治理能力提升的重要原因。尽管国家不断推进立法更新的进程，但腐败的“恶性化”发展趋势却并未随反腐“制度大爆炸”的发展得到根本扭转。全面解构中国现代化进程中腐败类型，挖掘腐败衍生根源，是加快推进国家反腐败立法，实现腐败治理从“从困境中突围”之前提。

一、国家现代化进程中的腐败类型及衍生根源

发端于工业革命的国家现代化有其内在的、普遍性的规律，无论主动或被动地选择不同路径的现代化，终究无法脱逃国家权力对经济活动进行制度性干预的宿命，国家权力的极度扩张，使现代化进程中的腐败与现代

化具有了同步性，成为现代发展的历史必然。

世界现代化理论研究将现代化生成模式划分为“内生型”与“应激型”，前者通常是指在前现代的传统社会中，传统性与现代性之间存在着一种较强的兼容关系，它们的现代化主要是从社会自身不断发展出有利于现代化的因素来实现的，其自身已经成为现代化的代表，英、美等国家是其典型。后者是指由于社会内部的传统性与现代性之间的兼容关系较弱，无力从社会内部产生出推动现代化的强大因素，而是在英、美等国现代化起步后而产生的外部刺激下，或者说外部压力下，开始作出反应而逐步实现现代化的，欧洲大陆国家属这种类型。[①] 在现代化进程中，不同国家的历史传统，决定了现代化模式与类型选择的差异。而这种模式选择本身决定着特定国家经济利益分配的基本模式以及与之紧密相关的利益冲突解决机制，并对一国特定时期腐败犯罪的发生与发展产生影响。根据各国现代化模式的不同，可将现代化进程中的腐败划分为两种基本类型：

（一）根源于经济支配政治的腐败

这种腐败类型，源自国家对经济的消极干预，一般存在于以“内生型”模式进入现代化国家的起步阶段。“内生型现代化”国家，通常是传统性与现代性兼容程度较高的国家，其现代化起步于因工业革命所引发的经济迅猛发展，以及由此引发的工业化、城市化进程。经济优先于政治获得更为快速的发展，为寻求政治权力庇护及获取更多经济利益，经济主体

① [美] 西里尔·E. 布莱克编:《比较现代化》，杨豫、陈祖洲译，上海译文出版社 1996 年版，序言，第 19 页。

开始自发地向政治主体施加压力或直接渗入政治集团，为腐败的发生与蔓延提供了条件，产生了区别于传统腐败的新形式。

17 世纪末至 19 世纪中叶是英国历史上政治腐败最猖獗的时期，由经济对政治的支配所产生的腐败主要有三种形式：卖官鬻爵、吏治黑暗；官商勾结、损公肥私；贿选议员、政治腐败。在这些腐败形式中，经济是打开政治的缺口、成为获得由政府控制的资源分配权最有力的武器，英国在现代化的起步阶段，工业革命推进、刺激了经济的迅猛发展，使社会新型经济资源与财富呈几何倍地增长，尽管政府规模小、功能尚不完备，但作为掌握资源分配权的主体，仍成为新生的利益集团进行利益腐蚀的对象，由此使此类腐败成为英国现代化之初最突出的犯罪形式。经济对政治的支配最突出的表现在于，“在资本市场开拓过程中，一些商人大肆贿赂收买政府官员和议员，以便获得特权。这种官商勾结的活动不仅严重地腐蚀了政府的权力，而且破坏了正常的资本市场秩序”。①“美国在 1815 年至 1975 年间，也经历了一段腐败事件层出不穷的高峰期到锐减并维持在一个低水平稳定期的过程，19 世纪 70 年代是腐败现象的高发期，其腐败指数近乎美国进步主义时期至 20 世纪 70 年代之间腐败水平的 5 倍。”② 与英国现代化起步阶段较为相似的是，19 世纪末至 20 世纪初美国的腐败，也是来自于“经济对政治的支配，即商人集团对官僚集团的收买和控制，它们之间

---

① 季正矩：“英国经济高速发展过程中腐败例举”，《中国监察》2001 年第 10 期。

② Glaeser 和 Saks 以“腐败”“欺诈”作为关键词检索了纽约时报和 Ancestry.com，统计包含出现这些词的文章数或页数。然后，分别用“一月”“政治的”作为缩减字在结果中再度检索，计算并绘制出三条“腐败与欺诈的指数曲线”。以分析腐败事件发生的概率。张宇燕、富景筠：“美国历史上的腐败与反腐败”，《国际经济评论》2005 年第 5 期。

的关系类似于经济学中的‘委托—代理’关系。政府之所以成为被俘获的对象，主要是因为它手中握有大量公共资源，其中包括财政预算支出、诸如土地和矿产等公共财产、非中性的法律规章制度的设立等；同时，运转政府的公职人员在分配公共资源的过程中拥有一定的自由裁量权”。不仅如此，“作为等级结构，政府各层次的公职人员之间存在着严重的信息不对称，从而对其有效监督变得困难。所有这些，都为商人集团掌控公职人员以牟取私利提供了刺激”。①

（二）根源于政治支配经济的腐败

这种腐败类型，源自国家对经济的主动干预，甚至强刺激的过程，主要存在于“应激型现代化”的国家，以及“内生型现代化”国家在经济发展模式向国家干预主义转变时期。

当代现代化理论研究表明，现代化是涉及人类生活所有方面的深刻变化。概括起来，现代化可以看作是经济领域的工业化，政治领域的民主化，社会领域的城市化以及价值观念领域的理性化的互动过程。这种转变的动力从根本上来说是产生于人类在科学革命的推动下所获得的空前增长的知识，从而不断增强对环境的控制能力。② “应激型现代化”国家，“由于内部的传统性与外部的现代性之间的兼容关系较弱，难以从社会内部产生推动现代化的强大动力，而是在外部的刺激或压力下，开始自己有组织的现代化长征，国家被寄予重望”。“为尽快缩短差距，追赶先进，国家不

① 张宇燕、富景筠：“美国历史上的腐败与反腐败”，《国际经济评论》2005 年第 5 期。

②［美］西里尔 · E. 布莱克编：《比较现代化》，杨豫、陈祖洲译，上海译文出版社 1996 年版，序言，第 7 页。

仅不能只扮演一个消极的‘守夜人’，更应成为一位积极的组织者，正是出于这种考虑，许多后发国家选择了有计划的社会主义。尽管这种模式因过于推崇‘国家万能’而遭受败绩，但国家具有的巨大的积极作用却是不应被否认的。”[①] 对于应激型现代化国家腐败犯罪的衍生而言，会因国家政权对经济发展的控制与支配作用，为腐败的产生提供内在的条件。许多西欧及其他一系列采“应激型”模式进入现代化的国家，在进入现代化阶段后，其腐败的发生多呈现出政治支配经济的特征。

然而，对于早期已经进入现代化的“内生型”国家而言，20 世纪中叶以后，伴随国家权力对经济活动干预的扩大化，同样也出现了政治支配经济的腐败。根据“瓦格纳定理”，进入工业化以后，经济中的公共部门在数量上和比例上仍将具有一种内在的扩大趋势，公共支出将不断膨胀，这一规律在 50 至 100 年以后仍将发生作用。[②] 率先进入现代化的英、美国家，经历了从 19 世纪下半叶加强对劳动者的保护，到 20 世纪初经济危机下采取凯恩斯主义作为经济发展的支柱理论，再到“二战”之后国家重新对全社会的福利与全民幸福承担责任的发展过程，国家权力的扩张已经逐步走上了与“应激型现代化”国家类似的道路，国家权力的扩张增加了腐败的机会，腐败现象不断加剧。20 世纪 60 ～ 70 年代，根据腐败类型的变化，美国新自由主义学派提出了“寻租理论”，认为租金泛指在政府干预中，由于行政管制市场竞争而形成的级差收入，而一切利用行政权力谋取私利的行为都被称为寻租。[③] 寻租行为被称为“看不见的脚”，扭曲了市场资源

---

① 郑永流：“法的有效性与有效的法（下）”，《法制与社会发展》2002 年第 2 期。

② [美] 约瑟夫·E. 斯蒂格利茨著：《政府为什么干预经济》，郑秉文译，中国物资出版社 1998 年版，第 11 页。

③ 倪星：“论寻租腐败”，《政治学研究》1997 年第 4 期。

的配置机制，使“看不见的手”丧失了调节功能，降低了经济的运行效率和社会福利水平，并诱发了大量腐败的发生，成为国家“后现代化”进程中腐败衍生的主要原因。

总体而言，现代化是以经济的发展为首要目标的社会进步运动，由于在社会经济发展中政府所承担的导向与决策功能，其对经济资源在其国内的分配与调剂享有绝对的支配权，利益主体为获得特定稀缺资源的使用或分配，必然会发生以经济利益去腐蚀公共权力的内在需求，这为寻租型腐败提供了制度基础，特别是在国家强力刺激经济发展的背景下，由国家调整、支配或控制的经济资源范围广泛、规模庞大，公职者享有广泛的自由裁量权，这些均为腐败的发生提供了条件，也使根源于政治支配经济的腐败，成为现代国家主要腐败类型。

（三）国家现代化进程中腐败衍生的逻辑起点

不同视角下，对腐败产生的原因有着不同的解读。从道德人性角度，“腐败的原因是一些不诚实的人取得了权力的地位和公众信任”；① 从经济学角度，“腐败是经济人在追求利益最大化的动机下的行为”；② 从权力控制角度，“权力导致腐败，绝对的权力导致绝对的腐败”；③ 而从现代化角度，腐败被认为是现代化过程中制度供给不足的后果。作为集现代腐败理论之大成者，美国政治学家塞缪尔·P. 亨廷顿提出“腐败程度与社会和经济迅速

① Gerald E. Caiden and Naomi J. Caiden, “Administrative Corruption”, in *Public Administration Review*, Vol.37, No.3, May-Jun., 1977,p.301.

② Susan Rose Ackerman, *Corruption: a study in Political Economy*, Academic Press, 1978, p.2.

③ [英]阿克顿：《自由与权力》，侯健、范亚峰译，译林出版社 2011 年版，第 342 页。

现代有关”的论断，[①]认为如果现代化带来的各种社会变迁没有及时制度化，则容易产生腐败。现代化为何成了刺激腐败加速发展的催化剂？现代化进程中腐败产生的根源何在？成为法学、政治学、社会学乃至经济学所共同关注的世纪性问题。亨廷顿为此提出了“三原因论”：第一，现代化使社会基本价值观念发生变化，根据传统准则可以接受而且合法合理的行为，而用现代眼光来审度，它们就成了不能接受的而且是腐败的行为；第二，现代化开辟了财富和权力的新来源。具有新资源的新集团的兴起，以及它们在政治领域中力图产生影响的尝试，造成了腐化的产生；第三，现代化在政治体系的输出端发生的变化促进了腐败，即现代化要求政治体系强化管制，强化管制提供了腐败的机会。[②]

在我们看来，现代化进程中的腐败，是一定历史转型与发展过程中制度发展滞后于社会经济发展的消极产物，具有历史的必然性。现代化是人类社会组织机体的进化发展，全面覆盖于社会各方面，但其首先以经济的现代化为原始动力，无论是“经济支配政治”的腐败，还是“政治支配经济”的腐败，均以市场经济的现代崛起为逻辑起点。腐败是公共权力与生俱来的遗传基因，经济发展作为现代化的原动力，在促进与调控社会经济发展的同时，也增加了政府支配公共资源权力腐败的风险，而现代化中体制性的制约权力机制建设滞后，“政治家和官僚所拥有的可随意使用的控

①［美］塞缪尔·P. 亨廷顿著：《变化社会中的政治秩序》，王冠华、刘为等译，生活·读书·新知三联书店出版社 1989 年版，第 45 页。

②［美］塞缪尔·P. 亨廷顿著：《变化社会中的政治秩序》，王冠华、刘为等译，生活·读书·新知三联书店出版社 1989 年版，第 55—57 页。

制权”,[①] 进一步加大了腐败发生的可能性。现代化意味着社会的转型发展，无论何种模式的现代化，公共权力对社会转型的干预与控制为腐败衍生提供了温床与土壤。现代化滋生腐败的同时，腐败的消极因素也阻碍了国家现代化的进程，东南亚、东南欧等发展中国家现代化的滞缓，在很大程度上与权力腐败有关。对于一切国家而言，无论其进入现代化是主动的还是被动的，合理借鉴先现代化国家的腐败治理经验，预测公共权力扩张所可能产生的风险，进而设计出有效防范权力滥用的规范与机制，便可成为加速推进现代化的基础与前提。

二、中国现代化进程中的腐败类型

国家在现代化中的主导性与支配性，造成了权力运行的“风险”，在权力监督体制不彰的情况下，掌控腐败资源与条件的公权力者利用现代化推进所创造的对新型财富与资源的分配权，使公共权力向个人利益的转化成了一种必然。中国是典型的应激型现代化国家，由计划经济向市场经济的转型采取了绝对的国家主导模式，公职者作为国家代理人拥有决定公共资源市场化与否及其程度的权力，由此导致与经济转型模式相对应的“中国式”腐败的“大流行”，在“政治支配经济”的一般腐败类型基础上，可进一步将“中国式”腐败划分为以下具体类型：

（一）根源于制度缺位与错位的腐败

腐败是制度与文化的产物，一国特有的制度与文化直接影响着腐败的

---

① [美] 考夫曼：“论反腐败”，朱忠汝译，《国外社会科学文摘》1998 年第 6 期。

类型、规模与生成路径，而制度的缺失与错位，无疑是现代化进程中腐败衍生最重要的原因。中国的“渐进式”改革推进具有一定的时间跨度，但从一个历史视野来看，这个过程尚不足以实现观念与制度的根本转型。①在整体改革目标的实现中，制度建设的缺失，造成了国家对权力制约、控制乃至偏差评价能力建设较为明显的迟滞，其结果就是导致根源于制度缺位与错位的腐败的形成。如胡鞍钢所言：“现时的腐败主要是制度性腐败，腐败现象的产生主要根源于制度缺陷，即市场经济转型期的制度缺陷。”②

根源于制度缺位与错位的腐败涉及三种类型：（1）“制度空白型”腐败。是指国家对特定公共权力的行使因未建立运行规范而导致腐败的衍生，这是中国现代化进程中最普遍的一种腐败形式。规范性制度是现代化推进的基础，规范体系的缺乏会引发“原生性”腐败的流行。国企改制中，对权力的运行规范几乎是无一例外地处于缺失或者滞后状态，使国企改革积淀了过重的腐败性诱因，国企领域成为“中国式”腐败之源。此外，腐败后果消除制度、权力者利益家族监管制度以及广泛的犯罪人引渡机制等堵截性制度的缺乏及构建迟滞，导致“外逃型”腐败成为腐败的高级形式。（2）“制度虚置型”腐败。是指在国家对特定公共权力的行使已明确制定规范的前提下，基于监督机制弱化或失灵而引发的腐败。长期以来，无论是政党规范还是国家规范，均对腐败有明确的禁止性规定，但大量的禁

① 英国的现代化从1649年到1832年共延续了183年；美国的现代化从1776年到1865年花了89年时间。于拿破仑时代（1789～1815年）进入这一阶段的13个国家，平均所费时间为73年，但是对于那些在20世纪开头25年进入这一阶段并且到了80年代已崭露头角的26个中的21个国家来说，这一阶段平均只有29年。［美］塞缪尔·P.亨廷顿著：《变化社会中的政治秩序》，生活·读书·新知三联书店1989年版，第46页。

② 胡鞍钢、康晓光：“以制度创新根治腐败”，《改革与理论》1994年第3期。

止性规定仅停留于"禁止性"本身，惩罚性规范大量缺失，导致反腐规范"口号化"，形成"制度虚置型"腐败。在西方社会，"预算制度的确立是所有国家建立清廉政府的制度前提。预算是政府体制运作的血液，控制了血液，就能预防和控制腐败"。[①]然而，在中国，预算任意调整、进度混乱、突击花钱，问题成堆，刚性的《预算法》几乎成为"预算型"腐败的根源所在，制度虚置现象明显。（3）"制度错位型"腐败。是指国家将对公共权力及其行使者的监督制度设计，偏离于权力行使的关键之处，进而产生因制度无效而导致的腐败。西方国家腐败预防制度的构建普遍以"利益冲突"作为规范建构的核心与基础，"美国人把利益冲突看作是最主要的腐败源泉，因此，为了防治腐败，一定要首先避免利益冲突。鉴于此，有关政府道德的法律和规章的许多重要条款都是以避免利益冲突为宗旨的"。[②]而中国腐败治理制度体系构建在总体上奉行以惩治为中心的理念，偏离公共权力的生成与运行过程，腐败规制的基础是权力的交易，而非利益冲突，是导致腐败惩而不减的重要原因。

（二）根源于公共权力支配经济的腐败

西方学者在对腐败的分类中提出过体制型腐败（Systematic Corruption）和收买型腐败（Venal Corruption）区分的理论。[③]前者是指政治行为者通过有选择性地授予经济特权或限制准入来寻租，并利用寻租巩固、加强其

---

① 郑永年："反腐败与制度建设"，http://politics.people.com.cn/n/2014/0806/c70731-25415010.html，最后访问时间：2015年8月12日。

② 周琪、袁征著：《美国的政治腐败与反腐败》，中国社会科学出版社2009年版，第315页。

③ 张宇燕："美国历史上的腐败与反腐败"，《国际经济评论》2005年第5～6期。

对政府的控制，其基本特征是政治行为者操纵经济系统，政治过程腐蚀经济生活，又可称为“公共权力支配经济”的腐败。后者是指各种经济利益集团通过行贿政府官员影响立法司法、政府管制和政策制定，并最终服务于自身的特殊利益，其基本特征是经济行为者操纵政治，经济利益腐蚀政治过程，也可称为“经济支配公共权力”的腐败。之所以会出现上述腐败类型，关键在于特殊的经济与社会背景。“在一个生财有道而做官无门的社会里，占主导地位的腐败形式将是利用前者换取后者。”①

中国经济转型中，行政权力掌握着过多的具有重要性、稀缺性或不可替代性的资源，而且往往集重要性、稀缺性或不可替代性为一体，这就为腐败的产生提供了温床，根源于公权力支配经济型腐败成为现代化进程中“中国式”腐败的主要形式，具体表现为三种基本类型：（1）“支出式”腐败。即国家公职人员在国家大型投资项目中谋取私利而形成的腐败。“支出式”腐败使铁路、高速公路以及经济适用房建设领域，成为腐败的重灾区。（2）“审批式”腐败。在中国，审批环节成为权力对经济实施干预的重要环节，国家发展和改革委员会、国家能源局、食品药品监督管理局、交通运输部门、国土资源部门等往往成为腐败的重要区域。（3）“规范制定式”腐败。此种腐败是以具有立法权或解释权的官员通过立法或对立法进行规范解释的方式，融入腐败的利益诉求，破坏正常的市场经济秩序，以合法形式达到非法目的。这种腐败虽然出现不多，但是对市场秩序具有极严重的破坏作用。商务部原法条司巡视员郭京毅受贿罪一案中，郭京毅几乎参与和主管了20年来全部外资法律法规的起草

①［美］塞缪尔·P. 亨廷顿著：《变化社会中的政治秩序》，生活·读书·新知三联书店1989年版，第61页。

和修订，利用法律政策中的模糊地带，把解释法律的义务转化为权力寻租，即属于此类腐败。

（三）根源于系统环境的腐败

在现代化推进中，由于在涉及国计民生的特殊资源与权力领域，国家仍保有绝对的垄断权，这种权力又基于公共权力分口管理的要求，分设于不同的系统之中，由此形成了根源于系统环境的腐败类型，在公共权力的某个组织系统内出现“系统性”腐败。当市场资源作为可兑换的经济利益进行二次分配时，“系统性腐败”构成了独立循环系统内的腐败小环境，进而影响腐败大环境的形成。

根源于系统环境的腐败，主要涉及四种类型：（1）“寡头型”腐败。表现为，利用经济资源的垄断性所进行的腐败与利用系统内的“寡头型”地位所进行的腐败两种基本形式。前者突出体现在电力、供水、电信、土地、房产和矿产、航空、石油等资源垄断领域内的腐败高发。后者的典型是“老虎型”腐败。随着腐败者所谋求利益的增加，腐败呈现出向高层级转化的倾向。截至 2016 年 12 月 30 日，全年落马的副部级以上官员为 36 人，开庭审理了 41 人，宣判 36 人，为近三年之最。①（2）“利益集团型”腐败。在市场资源垄断的行业领域内，20 世纪 80 年代初个体性腐败占主导地位，之后开始逐步向群体性、集团性腐败形式蔓延，腐败组织内部开始出现“共同体化”特征，以单位腐败犯罪为其极端表现形式，尤其是在

① “十八大以来 124 名副部级以上官员落马 56 人已获刑法”，http://news.163.com/16/1231/00/C9ITJUFB0001875N_mobile.html，最后访问时间：2017 年 1 月 23 日。

交通、能源、海关等权力管理型系统中更为明显。此外，通过行政化的人事任命制度，单位腐败逐步又扩散为行业体系内的腐败，垄断行业单位之间腐败相互关联，扭曲结成了腐败利益共同体。这样的族群式腐败，往往是“拔出一个带出一群”，如“石油系”的集团腐败。（3）“寄生型”腐败。在中国层阶式的行政管理体系中，基层管理体系实际占据大量更为具体细微的资源分配权，属于易腐、多腐的“高风险地带”。从收受千万元好处费的“村官”，到挪用上亿元资金的村会计，再到把580多万元专项补助揣进私囊的副镇长，“小官”也能大贪，“蚁害”不可小觑。① “小官巨腐”往往首先来自于“微腐”，而“微腐”滋生于对市场资源分配权缺乏有效监管的制度环境，属系统内部制度监管不足而引发的腐败连锁反应，无论是“小系统”还是“大系统”，无论是“微腐”还是“巨腐”，均是系统腐败的产物，同时也是腐败环境本身的构成。

总体而言，现代化进程中的中国，“以政治权力谋取个人或小团体财富的腐败形式处于主导地位”，② 这种腐败大都是通过“单边、垄断”的方式实施的，而制度空缺或不足又为腐败机会的寻觅与实现创造了条件，导致了腐败的蔓延。不仅如此，“中国式”更为特殊之处在于，隐藏于经济发展的国家战略之下，与经济发展具有“共生共荣”之假象。美国学者Andrew Wedeman将其称为“发展性”腐败，即政治主体获取非法利益时也为商业发展提供了机会与便利。③ 中国现代化进程初期的腐败最早在经

---

① 詹勇：“人民时评：破解‘小官巨腐’的权力结症”，载《人民日报》2014年11月18日，第5版。

② 参见何增科著：《反腐新路：转型期中国腐败问题研究》，中央编译出版社2002年版，第31页。

③ 参见［美］魏德安著：《双重悖论——腐败如何影响中国的经济增长》，蒋宗强译，中信出版社2014年版，第72页。

济领域登陆，蔓延于经济与政治的交叉领域，而改革创新、突破旧规、促进地区经济发展往往为权力滥用提供了“合法外衣”与“避难所”，腐败危害被隐藏于经济发展的正当目标之下，降低了社会对腐败严重危害性的警觉与预防，导致腐败又逐步向能为腐败利益提供“安全庇护”的司法领域与政治领域蔓延，甚至出现了从谋取利益为目的向国家安全利益型腐败的转化结果，严重威胁国家安全和中国共产党的生死存亡。

第二章

现代化过程中的国家腐败治理模式

在人类社会发展历史上，无论何种形式的社会形态，对腐败的核心认定均以公权滥用为标准。在前现代化阶段，为控制公权滥用，国家逐步建立起腐败治理的基本机制。第一次工业革命掀起了世界范围内国家现代化的浪潮，尽管不同国家的现代化路径不同，但均面临着现代化初期腐败滥发的严重困扰，以及更新腐败治理模式的问题，在传统腐败治理的基础上，形成了国家腐败治理的两种基本模式。

一、腐败消极治理模式

衍生于战争形态下的统治意识决定了以刑法作为唯一或主要手段的“直接打击”成为传统国家应对腐败危机的主要策略，而经由工业革命进入现代化转型的国家，由于国家权力结构及公共管理体制尚未健全，更基于对社会形态更替的惯性依赖，在转型初期仍将腐败治理的制度安排停留于刑事惩治的层面，被动性地回应社会转型中汹涌而来的腐败浪潮，从而形成了腐败的消极治理模式。该模式具有以下基本特征：

（一）单一化的治理理念

将刑事法奉为腐败治理最有效的手段，强调单一化的“直接打击”，是消极治理模式的理念特征。韦伯将国家合法统治分为三种类型：传统型统治、魅力型统治和法理型统治。[①]前两种统治属于传统社会的“人治”类型，第三种统治为现代社会的“法治”类型。在传统“人治”社会中，腐败治理取决于统治者的个人品性与对腐败危害性的认识程度。由于对腐败衍生根源缺乏深入的认识，并受国家统治中的“刑罚万能论”的影响，传统社会的腐败治理往往过分倚重于教化与重刑主义，以刑罚之“威”，扼腐败之“恶”，形成了针对腐败人进行“直接打击”的理念，而较少全面考虑腐败生成环境的治理问题。中国自秦汉开始，就确立了从严治吏的法律传统，至明朝更是达到极致。《大明律》规定：“凡官吏贪财而枉法者，一贯以下仗七十，每五贯加一等，至八十绞。”在《大明律》之外，《大诰》四篇236条中惩贪条文多达一半以上。对贪污案犯规定了“剥皮实草”的酷刑，凡贪赃银60两以上者，将其皮剥下填充稻草，摆放在县府公堂旁边，使后任者见之胆寒，不敢再犯。[②]明朝对贪腐行为的惩治不可谓不重，但却选择性地忽视了官员薪俸极为菲薄的事实。以明朝文官薪俸的最高额计算，比汉两千石少956石，比隋少106石，比唐少256石，比宋少2756石。[③]在低微薪金制度之下，形成了别敬、炭敬、节敬、火耗等各种

---

①［德］马克思·韦伯：《经济与社会》（上），林荣远译，商务印书馆1998年版，第238页。

②林喆等：《腐败犯罪学研究》，北京大学出版社2002年版，第35页。

③魏佐国：“试析明代品官薪俸制度”，《江西行政学院学报》2002年第4期。

腐败陋规，[①] 进而逐步形成了系统性的环境腐败，成为促使明王朝灭亡的重要原因。基于腐败治理的惯性定式，刑法的"直击打击"在 20 世纪 80 年代初中国进入现代化转型之后被自然地延续下来。面对改革开放后出现的大量腐败现象，1982 年全国人大常委会《关于严惩严重破坏经济的罪犯的决定》(已失效)迅速将受贿罪的法定最高刑恢复至死刑，并于 1988 年《关于惩治贪污罪贿赂罪的补充规定》(已失效）和 1995 年《关于惩治违反公司法的犯罪的决定》(已失效）共同构建了从自然人到单位、从国家工作人员到公司、企业工作人员的腐败犯罪刑事惩治体系。1997 年刑法颁布后，国家陆续颁布的九部刑法修正案中，有四部刑法修正案涉及对腐败犯罪罪刑规范的补充与调整，相继增设了利用影响力受贿罪，对外国公职人员、国际公共组织官员行贿罪，利用影响力行贿罪等罪名，同时扩大了非国家工作人员受贿罪、向非国家工作人员行贿罪和洗钱罪的规制范围。(具体立法参见本书第三章）在"直接打击"理念的支配下，刑事立法呈明显的"活性化"趋势，但是，预防性立法、刑事立法的预防功能，则处于较为冷清、滞后乃至停滞的状态，尽管存在党内规范，但是，由于缺乏法律性与强制力，也难以发挥预防性效果。这与长期以来所形成的强调刑事打击、忽视预防制度构建的"单一化"治理理念不无重大关系。

（二）容忍化的治理立场

对腐败设置一定的容忍限度、实施选择性治理，是消极治理模式的重要特征。传统社会君主的合法性与正当性来自于神意，国家治理以君权神

---

① 赵秀玲："中国古代腐败与反腐败的特点及其启示"，《政治学研究》1997 年第 4 期。

圣不可动摇为基础，由此决定了腐败的惩治以直接危及帝王统治为先决条件，“反腐败惩罚是作为统治者分辨出高忠诚度的与低忠诚度的两类官员的充要条件，进而以维护其统治地位和优化自身的效用水平，但未必会降低腐败水平”。[①] 在必要时候，君王与属臣的腐败共谋，本身就是维系统治的一种方式，由此产生了具有容忍性特征的治理标准。17 世纪初的英国宫廷被认为“散发着贿赂、嫉恨和腐败之气息”，[②] 君臣共谋出售爵位成为增加宫廷财富的重要渠道被开掘，据劳伦斯·斯通估算，从 1605 ～ 1629 年间斯图亚特王朝及以白金汉公爵为代表的朝臣们从出售爵秩中共获得了 620000 英镑的收益。[③]1688 年“光荣革命”之后，公共权力的产生、分配与运行依然由传统与新生权力群体进行“合谋”，作为国王与议会妥协结果的“君主立宪制”保留了“官职恩赐制”，恩赐制的随意性使买卖官职成为公开的现象，吏治领域的腐败盛行，形成了英国的官僚体制性腐败。18 世纪时，各种政治利益集团的博弈使英国在腐败治理标准上依然维持了较高的容忍度。如，为打击 18 世纪愈演愈烈的贿选问题，英国 1729 年反贿赂法规定，候选人在选举令公布之后如用金钱贿赂选民，取消其候选人资格，并罚款 5000 英镑，但立法本身就是既得利益者之间妥协的产物，存在明显的漏洞，即在选举令公布之前和以非金钱方式收买选票的行为不在禁止之列，也不受惩罚。[④] 这种以维护共同体利益为隐性目的的腐败治

---

① 许建明：“制度性腐败的机制”，2006 年上海中国留美经济学年会论文，http://www.aisixiang.com/data/18219.html。

② R. Malcolm Smuts, *Court Culture and the Origins of a Royalist Tradition in Early Stuart England*. University of Pennsylvania Press, Philadelphia, 1987.p.74.

③ 王晋新：“论早期斯图亚特王朝的封爵政策及其后果”，《东北师大学报》（哲社版）1998 年第 5 期。

④ 季正矩：“英国经济高速发展过程中腐败例举”，《中国监察》2001 年第 10 期。

理，导致英国的腐败现象在18世纪非但没有减轻，反而愈演愈烈。中国现代腐败治理中虽然没有出现过“英国式”的腐败“共谋”问题，但以教育为主、惩罚为辅、教育多数、惩罚少数为核心的政策精神，也使国家通过立法刻意收缩腐败惩治的范围。例如，通过数额、利用职务便利、为他人谋取利益等构成要件要素的规定，形成了对严重腐败犯罪的积极围堵，同时却对不符合犯罪构成的“轻腐败”采取消极放任的态度，间接提高了社会对腐败的包容度，成为腐败产生的重要原因之一。

（三）静态化的治理机制

立足于刑事惩治之根本，构建腐败预防制度，治理机制的静态化，是消极治理模式的又一重要特征。腐败治理机制是一个由腐败治理机构、治理规范及其相互协同运作的整体体系。治理机制的静态化，是指国家虽设立有专门的腐败治理机构，也颁布有腐败治理的规范，但是，由于治理机构之间缺乏配合，规范之间缺乏衔接，机构与规范要素之间缺乏协同运行的能力，由此造成腐败治理功效难以提升，腐败治理限于局部层面，预防功能无法发挥实际作用。消极治理模式并不排除预防制度，但由于长期奉行腐败刑事惩治的理念，缺乏预防制度生成及运行的系统环境，加之转型时期国家在治理习惯上的惯性依赖，预防制度在外来移植过程中的形式化特征明显，缺乏实质功能，在“应激型现代化”国家中尤为明显。苏联解体后，政治解禁及国家财产大规模的私有化进一步引发了腐败的泛滥，“国家法律制度的疲软甚至缺陷是腐败滋生和泛滥的一个主要原因”。[①] 经历

---

① 刁秀华：“俄罗斯的腐败与反腐败及其对经济社会的影响”，《国外社会科学》2014年第2期。

了叶利钦、普京两届总统的腐败治理铺垫，从2008年梅德韦杰夫总统任期开始，俄罗斯加快了腐败预防性立法建设，甚至在2008年还颁布了以腐败预防为主要内容，以财产登记为特色的《反腐败法》。然而，长期的结果性治理所导致的腐败环境化、生态化的消极影响短期内无法消除，腐败治理未因预防制度的构建而产生明显效果。俄罗斯1996年"透明国际"廉洁排名还位居第46位，而2012年却退居第133位，与比其国内生产总值低四五倍的非洲国家处在同一水平线上。[①]此外，除了长期腐败环境的影响，立法目的的功利性也是导致预防制度虚置的重要原因。东欧剧变后，罗马尼亚、保加利亚等前社会主义国家为加入欧盟，依据欧盟标准对本国反腐预防立法进行了紧急性修补。罗马尼亚在2000年之后陆续通过了《预防、发现和惩治腐败法》、"反腐败一揽子计划"（财产申报）、《自由获得公共信息发》《政党筹资与竞选运动》等系列反腐立法，但腐败治理效果仍然不尽如人意，甚至被认为是"越反越腐"，[②]"执政党高层领导反腐败的愿望和意志不够，入盟前制定的许多反腐败措施，入盟后不久就被议会和政府有意搁置"。[③]立法目的的功利性使得转型国家更倾向于简单、快捷地搬抄域外经验，而不考虑立法的本土适应性及整体系统性，进而造成"制度大爆炸"过程中的制度供给增加与搁置的同步性现象。消极治理模式以"强惩治—弱预防"为其基本特征，惩治制度与预防制度几乎是完全脱节的两个系统，由于各要素之间缺乏协调性和协同性，导致作为治理综合体的预惩机制无法运行，出现机制运行的静态化现象。

---

①［俄］谢·古里耶夫："俄罗斯的腐败问题：现状及解决方案"，景维民、王永兴译，《俄罗斯研究》2008年第1期。

②夏纪媛："罗马尼亚转型期的腐败现象及其治理"，《廉政文化研究》2014年第2期。

③Corruption in Romania: In denial. *The Economist*, 2008(07)：3.

（四）被动化的治理反应

以腐败所造成的已然后果作为立法根据，立法“因恶而生”具有被动性，是消极治理模式的又一重要特征。工业革命以来，经济转型始终扮演着国家现代化转型先驱的角色，在经济发展优先政策的影响下，国家对传统腐败形式之外的新增腐败形式敏感度较低，腐败治理远远滞后于腐败发生与蔓延的规模。英国是世界上最早启动工业革命的国家，“工业革命不是政府精心制定政策的产物，而是对市场需求的反应，甚至是运河、铁路和公路这样的公共事业项目都是由私人或私人公司自发进行投资建设，国家很少直接投资和经营工业企业”。[①]受到亚当·斯密自由经济政策所支配的时期，在18世纪英国政府和议会对经济活动较少进行干预，无视各种基于市场经济关系而衍生的新型腐败行为，腐败治理仍然驻足于公权领域，1889年英国颁布世界上首部反腐法——《公共机构腐败行为法》（*Public Bodies Corrupt Practices Act*），该法仅规定了公共部门的腐败，直到1906年《预防腐败法》（*Prevention of Corruption Act*）将犯罪主体扩大至“代理人”（Agent）之后，腐败惩治的范围才从公共部门扩大至私营部门。美国1977年《反海外贿赂法》（*The Foreign Corruption Practices Act*）的颁布，也是因为1972年“水门事件”暴露出严重的政治腐败而引发国内舆论压力所致。对于“应激型现代化”国家而言，立法反应的被动性特征更为明显。20世纪80年代初的“严打”运动启动了中国现代反腐的进程，但直到1995年《关于惩治违反公司法的犯罪的决定》的颁布，中国腐败犯罪

① 王章辉:《英国经济史》，中国社会科学出版社2013年版，第257页。

刑事惩治体系才得以全部构建，而截至目前，腐败的预防性立法体系构建才刚刚起步。腐败刑事规范在长达30多年的实践运行中，暴露出规制范围狭窄、不重视上游行贿犯罪治理等弊端，却一直未能得以重视与解决。尽管《刑法修正案（九）》对贪贿犯罪的数额要素、罚金刑、行贿人自首等问题进行了修正，但仍未触及贪贿犯罪积弊之根本，无助于解决目前贪贿犯罪刑法立法规制能力不足之问题，立法反应的被动性可见一斑。

二、腐败积极治理模式

民族国家经过一段时间现代化进程的尝试，深切感受到腐败给现代化带来的灾难，普遍建立起由规范公共权力运行、监督公共权力行使、惩罚公共权力滥用为核心的体系化的法律体系，由此促成了腐败治理模式由消极治理向积极治理的转型。较之于仅重视对腐败所实施的刑事法治理，积极治理更强调在腐败的治理中实施“直接打击”与“间接打击”相协同的策略，针对现代公共权力架构，积极扩展预防措施的作用场域，深化预防措施的作用效果，形成以预防为主导的腐败治理模式。具体而言，该模式具有以下特征：

（一）复合化的治理理念

强调“间接打击为主、直接打击为辅”的复合化治理，是积极治理模式的理念特征。从战争战略角度，战胜对手的方式有两种：一种是直接打击，消灭敌人；另一种是间接打击，避免与敌人正面硬拼，而是巧妙采取各种方式，让敌人在心理上和物质上失去平衡而获胜。直接打击属于硬碰硬的方式，容易导致对方的顽强抵抗；间接打击则是迂回渗入的，取得胜利更为容易和迅速。在腐败治理上，同样也存在直接打击和间接打击两种治理理念，前者依赖于刑事惩治，通过严厉惩治，达到一般预防目的；后者强调预防性治理，通过预防制度构建，前移腐败治理节点，达到净化腐败环境的目的。消极治理模式采用单一的直接打击理念，而积极治理模式则兼顾两种理念的合理性，以预防为主、惩治为辅，但不放弃严厉惩治。

英国是普通法的发源地，早期已在普通法判例中创制了相关腐败罪名和规则，如“笼络陪审团罪、意图贿赂议员罪、意图贿赂警察罪等犯罪，因具体的行贿对象不同而在普通法上被规定为不同罪名”。[①]然而，在1688年“光荣革命”之后，封建体制余留的“官职恩赐制”使买卖官职成为常见现象，导致吏治腐败的加剧。英国在进入工业革命之初，曾对文官腐败采取了容忍态度，但随之而来的是文官体制下系统性腐败，造成国家管理的无序和低效，成为英国在北美独立战争中失败的重要原因。[②]英国在18世纪末又将“官职恩赐制”改为“个人推荐制”，由于个人推荐制仍然具有极大的随意性，继而又沦为“政党分肥制”。同时，随着下议院议会权力的增大，贿选议员现象普遍，政治腐败也进一步加剧。对此，英国人深刻认识到，仅依靠后端治理根本无法遏制腐败，必须转变腐败治理理念，将治理重点从后端转向前端，由此将治理重点从后端转向前端，通过现代文官制度、议会制度、竞选制度、审计制度等预防制度构建，“建立了现代公共道德管理体系，打开了对公共权力进行法律治理的大门”。[③]英国于1832年和1867年先后两次改革了选举制度，并于1870年6月颁布法令，

---

① Legislating the criminal code:corruption(LC248), the law commission, 3 March 1998, p.11.

② 参见季正矩：“英国经济高速发展过程中的腐败例举”，《中国监察》2001年第10期。

③ 参见张宇燕、富景筠：“美国历史上的腐败与反腐败”，《国际经济评论》2005年第5～6期。

规定文官公开考试制度，为治理腐败从根源上奠定了最为重要的基础。当时制度设计的根本出发点在于涤除旧弊，排除易于腐败之人，将不符合条件的议员和官员排除在外。而随着后期政党竞选、议会制度、官员选拔与评价等制度的不断完善，新增立法逐步形成了明显的预防腐败功能，进而构建了完善的腐败预防大厦。腐败治理重点的转移，使惩治性立法较为沉寂。英国在1916年修订《预防腐败法》（刑事法）之后，在长达近百年的时间内对反腐刑事立法未进行过任何修正。当然，这并不意味着英国放弃了直接打击的治理理念，相反，当腐败犯罪的频度与比例明显提高时，刑事立法也会基于回应性要求而增加刑罚的供给量，提高刑罚力度。英国2010年《贿赂法》中就将贿赂犯罪监禁刑的法定最高刑期从七年提高至十年，同时规定了无限额罚金制，刑罚力度明显增强。美国反腐立法也注重前端预防，预防立法发达，形成了严密的“不能腐”立法体系，以“权力透明”“权力问责”为基础，以《阳光政府法》《财产登记法》《审计法》《预算法》《政府道德法》《信息公开法》等立法为代表，确立了从公共财政权、公共行政权到公职人员个人行为规范，融体系内监督和体系外监督为一体的、开放式的监督体系。然而，美国1970年《防止利用合法组织犯罪法（RICO）》（*Racketeer-Influenced and Corrupt Organizations*）将以组织方式实施贿赂的法定最高刑提升至无期徒刑，[①] 远超普通贿赂犯罪的刑罚幅度。美国法典中贿赂犯罪监禁刑的法定最高刑为十五年，[②] 同时贿赂犯罪又属于1970年《防止利用合法组织犯罪法（RICO）》（*Racketeer-Influenced*

① Ellen S. Podgor and Jerold H. Israel, *White Collar Crime in a Nutshell*, West Group, 2004, pp.125—130.

② 18 U.S.C. 201.

and Corrupt Organizations）的列举罪名，若是以某种商业组织方式实施，则适用 RICO，[①] 法定最高刑可达二十年，若有加重情节的，还可以上升至无期徒刑，远超普通贿赂犯罪的刑罚幅度。这也表明，即使是在强调前端预防的积极治理模式下，刑事惩治作为最后的社会防卫手段，仍受到高度关注。

（二）“防止利益冲突”的治理立场

以“防止利益冲突”作为腐败治理的基本立场，是积极治理模式的重要特征。“利益冲突”（conflict of interest）最早出现在 19 世纪后半期，含义是“一个负有责任的官员的私人利益与其官职责任之间的冲突”。[②] 最初，“利益冲突”仅是程序回避问题，主要防止政府雇员和前雇员在对美国政府的赔偿起诉中代表私人公民。在文官改革运动、进步主义运动推动美国行政体制结构性变化之后，“利益冲突”被赋予了实质意义上的腐败预防功能。“利益冲突”的指导理念在于，“人性本恶，任何人无论有多么高的道德水平，都会受到私人利益的诱惑，当决策人的个人利益与公共利益存在潜在的冲突时，其决策可能与公共利益不符”。[③]“利益冲突”是“人性恶”的自然反应，若不及时控制则会演化为更为严重的权力滥用，为此，须建立利益冲突规则，通过制度遏制“人性恶”，防止权力异化。从 20 世纪 50 年代杜鲁门总统时期，美国就开始讨论如何围绕利益冲突构建政府道德准

---

① Ellen S. Podgor and Jerold H. Israel, *White Collar Crime in a Nutshell*, West Group, 2004, pp.125—130.

② A conflict between the private interest and the official responsibilities of a person in a position of trust. See *Webster Nineth New Collegiate Dictionary*(Springfield, Massachusetts: Meeriam-Webster, Incorporated, 2003), p.261.

③ 参见周琪：《美国的政治腐败与反腐》，中国社会科学出版社 2009 年版，第 63 页。

则。1961 年肯尼迪总统颁布了第 10939 号行政令，提出了公共官员不得在与其利益有关的事情上采取任何行动、在政府以外的活动不得与其公共责任相冲突等七项规则，明确将防止利益冲突作为美国现代公共道德管理的核心规则。[①]1965 年约翰逊总体颁布第 11222 号行政令，进一步完善了政府道德准则，并增加规定了总统提名官员的财产申报备案制度，作为对是否存在利益冲突的检查手段，从而形成了美国政府官员与雇员道德行为准则的基础。1978 年《政府道德法》（*the Ethics in Government Act*）再次扩大了"利益冲突"中离职禁止的范围，建立了私营、政府部门双向转化的"旋转门"规则，确立了高级官员的财产申报义务，而且还通过四项规定将违反利益冲突的行为犯罪化，分别是：一是禁止官员参与与其个人、配偶、未成年子女、合伙人或其隶属企业的财产利益有直接或间接影响的事务；[②]二是禁止接受来自于美国政府之外的作为工作报酬的薪水补贴，支付行为同样禁止；[③]三是禁止就超出官方职责之外的活动收取报酬或以其代表的身份行事；[④]四是对任职结束后代表私营部门的限制。对上述四项规则的违反会构成刑事犯罪，最高刑为 5 年以下监禁刑。[⑤]经过 1989 年《道德改革法》（*Government Ethics Reform Act*）、2011 年《行政部门雇员道德行为准则》（*Employees of the executive branch ethics code of conduct*）的发展，"利益冲突"已经成为美国腐败预防体系的基础制度。"防止利益冲突"

① Robert N. Roberts and Marion T. Doss, Jr., From Watergate to Whitewater, *The Public Integrity War*, pp. 49—50.

② 18 U.S.C. 208.

③ 18 U.S.C. 209.

④ 18 U.S.C. 205.

⑤ 18 U.S.C. 216.

规则更新了自罗马法以来公职不可收买性的传统法益原理，以防止利益冲突的可能性作为法律干预的界限，延伸了法律干预场域，建构了“潜在腐败”与“现实腐败”之间的防火墙，及时遏制潜在犯罪人的腐败动因，可以更有效防止腐败行为的实际发生。在利益冲突制度基础上，美国腐败预防的立法定位从“能力合格”转向了“性恶预防”，构建了从非制约性规则到强制性规则、从行政规则到刑事规则、从防止个人利益冲突到防止密切关系人利益冲突的严密化、综合化的规范体系，为提高公职人员廉洁性提供了制度保障。

（三）动态化的治理机制

以腐败治理机构、规范的协同性为核心，加强不同反腐主体权力运行的协同、预防法与惩治法的协同、实体法与程序法的协同，是积极治理模式的另一重要特征。在这一方面，作为亚洲最为清廉的国家，新加坡以其高效、动态化的腐败治理机制，为积极治理模式提供了重要参考。“二战”前后，新加坡同其他第三世界国家一样，腐败现象严重。1959 年李光耀领导人民行动党上台执政以来，确立了“综合式”的反贪战略，将反贪腐工作全方位纳入国家廉政体系和国家发展战略之中，提升到权威有力、规范有序的制度反腐、立法反腐、社会反腐的高层次运作轨道，有效调动社会各方面的力量和资源集中惩治贪腐，而不是渐进式的断断续续、缺乏系统性和连续性的工作方式。① 在高薪养廉、精英治国、社会监督等软性反腐之外，新加坡还建立了严密的腐败规制体系：一是作为核心立法的《防

① 金波：“新加坡的制度反腐经验”，《国际关系学院学报》2009 年第 4 期。

止贪污贿赂法》，该法规定了腐败犯罪的刑事实体、程序和组织体系；二是作为剥夺犯罪人经济利益的《没收贪污贿赂利益法》；三是作为公务员行为规范指导的《公务员守则和纪律条例》，该法规定了防止利益冲突制度和财产登记制度；四是《公务惩戒性条例规则》，该法规定了对公务员的行政处罚。而将反腐大网中的上述各种制度规范连接起来并发挥其最大效果，仍在于新加坡直接隶属总理总署的反腐调查局（CPIB）。该机构负责调查《防止贪污贿赂法》所规定的所有腐败行为，具有广泛的调查权、可采取卧底、放蛇等方式对腐败犯罪进行特殊侦查、在诉讼中适用特殊“贿赂推定”规则，等等。高效而独立的CPIB和《防止贪污贿赂法》被认为是一把悬在头上的“达摩克利斯之剑”，时刻威慑和警示着潜在的腐败者。[①] 由此，新加坡构建了从预防到惩治、从调查程序到实体处理、从刑事处罚到行政处分，相互衔接、紧密配合、协同作用的反腐立法体系，加之独立调查机构运用规范体系对规制对象的高效适用，形成了动态化的反腐机制。各机制要素之间协同运转，加强了规范对腐败的抑止、发现与惩治功能。

（四）主动化的立法反应

积极寻求立法原理之更新，创建新型规制模式，以预防“增量腐败”为立法导向，是积极治理模式的重要特征。建构腐败后果刑事法惩治体系，是消极治理主义导向下国家立法战略的核心，单纯地增设新罪名、提高法定刑，根本不足以有效扼制腐败蔓延。相反，却将国家腐败治理能力

---

① 金波："新加坡的制度反腐经验"，《国际关系学院学报》2009年第4期。

置于几近饱和的困境之中，根据犯罪治理需要，主动更新刑法传统理论，构建以预防为导向的刑事规范体系，进而深化腐败的根源性治理，优化刑法预防功能，是积极治理模式的独特之处。腐败犯罪刑法立法建立在传统罪责理论基础上，个体行为与罪责是立法规制的边界和基础，然而，以个体为中心的传统理论无法解决腐败生成的系统环境问题，即无法对产生腐败的系统环境进行刑事法层面的矫正。对此，英国 2010 年《贿赂法》第 7 条规定了“商业组织预防贿赂失职罪”，规定商业组织对于疏于构建行贿预防机制而导致行贿行为发生承担必要的刑事责任，[①] 从而主动改变了传统消极治理模式下的个人责任原理，创新了组织责任原理，实现了刑法立法防卫基点由行为环节向监管环节的前移，提升了对腐败犯罪的预防性治理能力。此外，匈牙利 2001 年 CXXI 法案第 255 条 B 款引入保证人责任原理，规定了“公职人员怠于报告行贿罪”，[②] 将公务人员知晓未被发觉的贿赂行为而未立刻向权力机关报告的不作为行为犯罪化，创新构建了贿赂犯罪理论中的“保证人责任”，并在破解腐败“共犯结构化”、构建反腐生态环境方面作出了有益尝试，属于激发刑法预防腐败功的立法主动反应。从系统环境角度，将刑法规制原理从个体行为责任、后果责任扩张至组织预防责任、监督保证责任，是积极治理模式下刑法立法回应犯罪治理的主动更新，也代表着未来反腐刑事立法的发展趋势。

---

① Bribery Act 2010, sec.7(5).

② 2001. évi CXXI. Törvény.

三、两种腐败治理模式之基本评价

两种腐败治理模式反映出国家对腐败衍生及治理原理在认识程度上的区分差异。积极治理模式揭示了在现代化进程中，国家基于腐败衍生原因深化认识的积极回应，腐败治理呈现从事后惩治向事前预防的变迁过程，立法具有“大预防、小惩治”的特征。积极治理模式通常出现在先现代化国家，除了英、美两国外，加拿大、澳大利亚、新西兰等英联邦国家以及瑞典、挪威等斯堪的纳维亚国家反腐立法都带有明显的积极治理模式的特征。

消极治理模式将腐败治理寄托于腐败衍生的后端场域，以事后惩治为中心，强调刑事惩治的重要性，具有“以事而惩”的后位性，立法呈现“小预防、大惩治”的特征，代表了“应激型”国家在现代化转型过程中腐败治理的阶段性、应急性的选择。消极治理模式除了中国、俄罗斯，罗马尼亚、保加利亚等仍处于社会转型期的前社会主义国家以及越南、泰国、印尼等东南亚国家的反腐立法均带有明显的消极治理模式的特征。当然，一个国家在现代化转型过程中可能会渐次性地经历上述两种不同的治理模式，如英国、美国、新加坡等国均是先由严厉惩治的消极治理模式，逐步向综合性治理的积极治理模式进行过渡，以至成为世界清廉程度较高的国家。

选择不同的反腐治理模式与国家现代化的进程密切相关。消极治理模式的积极作用在于，通过重刑主义的治理策略，向国民宣誓国家对腐败的坚决否定态度，有利于稳定转型初期的社会秩序。然而，由于消极治理模式并未立足于现代腐败衍生机理，根源性祛除腐败产生的基础，难以有效地实现腐败犯罪的上游治理和环境治理，无法解决国家现代化转型过程中的群体腐败、族群腐败和腐败“生态化”问题。尽管消极治理模式可以局部性地、暂时性地控制单个腐败，但当腐败成为一种环境或文化而导致规模增大、粘性增加时，消极治理模式缺乏应对性机制，反而会加剧腐败积淀，形成腐败难以遏制的局面，而国家继续增加刑事资源投入，又会造成立法治理能力饱和以及边际效益递减，进而形成腐败治理的恶性循环。在中国政治支配经济的现代化过程中，腐败衍生已经出现了“生态化”现象，引发腐败滋生的环境系统不加以系统整治和清理，无法从真正意义上实现有效遏制腐败的治理目的。“应激型”国家在现代化转型过程中由于缺乏构建预防制度的时间条件和更新现代腐败治理理念的环境条件，只能被动地根据腐败案件的发生频率与烈度关系，延续以刑事惩治为核心的传统治理方式，作为权宜之策具有一定的合理性。但是，当现代化转型进入深化阶段之后，在具备预防制度构建的社会条件、制度条件和法治条件的前提下，迅速转向积极治理模式，选择预防性治理的腐败治理政策和制度控制结构，无疑是提升国家制度反腐能力的重要选择。

第三章

消极治理模式下中国腐败治理发展与困局

中国的现代化发端于19世纪末20世纪初的清末改革。然而，受到国家统一、战争、政治动乱等因素的影响，中国在现代化进程初期多次出现了停滞甚至倒退，直到20世纪70年代末的改革开放，才标志着真正意义上的现代化的开端。反思计划经济的弊端，中国在现代化转型模式上选择了典型的“应激型”模式，根源于政治对经济支配关系的腐败，成为中国现代化进程中腐败的主要类型。为确保经济秩序和社会秩序的稳定，改革开放之后国家采取了“双规制”经济模式，不同经济体系下价格的巨大差异，导致“官倒型”腐败泛滥。1992年之后加快市场经济建设的步伐，但国家仍保留有大量的市场资源分配权，由此引发“寻租型”腐败的大量滋生，行政审批、公共工程、政府采购、国企经营等领域，成为腐败新的重灾区。自20世纪末以来，“中国式”腐败出现了新特征：一是经济主体与政治主体加速形成腐败共同体，呈现出相互渗透的趋势，经济主体谋取政治主体身份、政治主体安排利益关系人进入经济主体体系，直接参与政治利益与经济利益的共享与分赃，加剧了“政治生态”和“经济生态”的恶化；二是腐败从过去的“独狼式”演变为区域性、系统性、“塌方式”、家族式腐败，腐败的危害性已经超越了国家经济秩序运行所能容忍的限度，而直接威胁到国家的政治安全。基于腐败所产生的严重危害性，国家采取了严厉打击的刑事政策立场，不断增加反腐资源投入，尤其是刑法资源，但由于采取了消极治理模式，反腐立法难以应对腐败的新类型和新变化，中国腐败治理已经陷入了困局之中，亟待破解。

一、中国现代化进程中的反腐败

自新中国成立以来，国家腐败治理经历了四个历史时期，不同时期的腐败治理策略与机制具有不同的特点。

（一）“运动式”治理时期（1949～1978年）

“运动式”治理，是指根据与腐败做斗争的需要，以广泛动员、实施集中整治与刑事治理为主导机制，以期消除腐败危害的治理模式。“运动式”治理以已实施腐败犯罪的行为人为治理对象，将对腐败的治理归结于对腐败行为人的清剿与清算，以对腐败进行“外科手术式”的集中整治为目标，达到教育大多数的目的。“运动式”治理注重采用广泛而深入的群众运动，注重刑事惩治与组织处理的结合，是中国传统社会腐败治理方式在现代化进程中的发展，主要为新中国成立初期及早期的腐败治理所采用。

“运动式”治理的主要机制包括：一是反腐斗争的发动机关是作为执政党的中国共产党，具体执行机关是中国共产党在各级行政机关、军事部门内的纪律检查机关、各级司法机关，以及人民群众的广泛参与。二是反腐的基本组织形式是发动群众运动。1951年12月中国共产党发动了在党政机关工作人员中开展的以“反贪污、反浪费、反官僚主义”的“三反”运动，作为反腐战役的驱动性运动，形成了广泛的揭发腐败犯罪案件的高潮。三是创制反腐立法。1952 年 4 月 21 日新中国颁行首部反腐立法——《中华人民共和国惩治贪污条例》(已失效)(以下简称《惩治贪污条例》)，作为反腐运动的法律依据，成为法制反腐的开端。四是集中查处重大、有影响的案件。除最具典型意义的“刘青山、张子善案”外，经核实，贪污1000 万元（旧币单位）以上的有 10 万余人，贪污的总金额达 6 亿万元。对犯有严重贪污行为的罪犯，判处有期徒刑的 9942 人，判处无期徒刑的67 人，判处死刑的 42 人，判处死缓的 9 人。[①]“三反”运动后，中国很快就实行了社会主义改造，确立起计划经济体制、平均主义的分配制度和闭关锁国的政策，腐败的难度大大增加，各级党政国家机关工作人员中的贪污腐败问题较前明显地减少。

（二）“应对性”治理时期（1978 ～ 1992 年）

“应对性”治理，是指国家根据腐败治理之需要，以法制化和刑事惩治为主导机制，通过不断加大治理强度、扼制腐败蔓延趋势的治理模式。应对性治理以实施腐败犯罪的行为人为治理对象，注重腐败的刑事法治理，通过部署阶段性战役、调整打击重点，不断严密刑事法网，严格刑法适用、对腐败实施以刑法为首要手段的、“从重、从快”的事后惩治，是对“运动式”反腐模式的积极调整，但本质上仍是“运动化”治理的延续，

① 参见中国共产党历史纪实编纂委员会编著:《中国共产党历史纪实》(第六部)，人民出版社 2003 年版，第 82 页。

区别在于不再采取大面积的群众运动方式，而仅在特定主体在特定范围内以特定手段展开的腐败治理运动。

"应对性"腐败治理的主要机制包括：一是反腐斗争的发动机关是作为执政党的中国共产党，最高国家立法机关、各级司法机关、党的纪律检查机关是反腐的执行机关。较之于"运动式"治理中的群众参与，"应对性"治理采取的是"组织内动员"模式。① 二是反腐的基本组织形式是"严打"斗争。国家在1982年发动了改革开放后的首场反腐运动，其后，又根据治理需要，先后发动过四次大规模反腐运动，② 查处了一大批腐败犯罪案件。根据历届《最高人民检察院工作报告》及相关资料统计，全国各级检察机关1979～1982年查处贪污贿赂等腐败案件总数为98225件，1983～1987年则增至15.5万件，1988～1992年增至214318件，其中，大案、要案呈加速增长之势。③1987～1992年，全国各级纪检机关共查处党内各类腐败案件874690件，处分党员733543人，其中，开除党籍154289人，由司法机关给予刑事处分的党员42416人。④ 三是加速推进立法的"跟踪式"完善。所谓"跟踪式"完善，是指根据新型腐败犯罪衍生的情况，启动立法修正程序，及时将新型腐败犯罪行为纳入刑法典的调整

① 参见陈睿智："制度化需求与组织内动员视角下的党风廉政建设责任制"，湖南大学2006年硕士论文。

② 这四次反腐败斗争的高潮分别是：第一次是1982～1983年打击经济领域中严重犯罪活动的斗争，第二次是1983～1987年开展的整风和纠正新的不正之风的斗争，第三次是始于1988年并在1989年下半年后达到高潮的反腐败斗争，第四次是1993年后开展并在1995年达到高潮的反腐败斗争。加上，第五次是1997年后开展的以反走私、反腐败并举的反腐败斗争。并称为中国"五次"反腐败高潮。参见何增科著：《反腐新路：转型期中国腐败问题研究》，中央编译出版社2002年版，前言，第11页。

③ 参见何增科：《反腐新路：转型期中国腐败问题研究》，中央编译出版社2002年版，第2页。

④ "中共中央纪律检查委员会向党的第十四次全国代表大会的工作报告"，http://dangshi.people.com.cn/GB/146570/198300/200215/200221/12465595.html，最后访问时间：2015年8月20日。

之中。1979年颁布的新中国首部刑法典对新中国成立之初《惩治贪污条例》所规定的腐败犯罪规定进行了立法修正，变贪污罪与受贿罪一体立法为分立模式，贿赂犯罪立法体系初步形成。1982年3月8日全国人大常委会颁行《关于严惩严重破坏经济的罪犯的决定》（已失效），对受贿罪的刑罚进行了首次完善。1988年1月21日，全国人大常委会《关于惩治贪污罪贿赂罪的补充规定》（已失效）（以下简称《补充规定》）增设新罪名、扩大规制范围，构建起从自然人到单位和从国家工作人员到公司、企业工作人员的贿赂犯罪刑法体系，以应对改革开放推进中出现的单位腐败、非国有领域内腐败等新问题。四是开展政治教育活动。“应对性”治理时期的反腐斗争，在强化与重视刑罚惩治的同时，开展政治教育活动是始终贯穿于整个反腐过程的“第二条战线”。尽管在“应对性”治理时期中国先后掀起四次反腐斗争的高潮，但腐败治理的效果并未得到明显体现，腐败犯罪数量逐年攀升，在实际发案与实际发生的贪污贿赂犯罪之间存在着相当规模的“腐败黑数”。据保守统计，中国的“腐败黑数”至少为80%，公务员腐败被发现的概率大约在10%～20%之间。[①] 在总体上，“应对性”无法有效遏制腐败蔓延的趋势，促使中国在腐败治理策略上的重大调整。

（三）“制度化”治理初期（1992～2011年）

1992年之后，在市场经济改革全面展开及对以往腐败治理弊端深刻反思的基础上，中国在反腐战略上提出了由“运动性”治理向“制度性”治理转型之主张，强调对转型过程中权力监控空白区域的制度填补，由此进

① 胡鞍纲、过勇：“公务员腐败成本——收益的经济学分析”，《经济社会体制比较》2002第4期。

入了“制度化”反腐的初期阶段。这一阶段国家确立了“制度反腐”的基本理念，初步形成了具有中国特色的制度化反腐机制。

这一时期腐败治理的主要机制包括：一是腐败治理的发动机关是作为执政党的中国共产党，国家立法机关、司法机关、党的纪律检查机关、国家监察机关、审计机关、行政机关是反腐的具体执行机关。二是明确了制度反腐的基本策略。1992 年中共十四大明确提出“廉政建设要靠教育，更要靠法制”的主张，“制度反腐”理念初步确立。1997 年中共十五大提出“坚持标本兼治，教育是基础，法制是保证，监督是关键”，首次提出了标本兼治之理念。2002 年中共十六大提出“坚持标本兼治、综合治理”的方针，预防措施作为综合治理的手段开始受到重视。2007 年中共十七大重申了“标本兼治、综合治理”的方针，并明确将“惩防并举、注重预防”增加为腐败治理的基本方针，要求“扎实推进惩治和预防腐败体系建设，在坚决惩治腐败的同时，更加注重治本、预防、制度建设，拓展从源头上防治腐败工作领域”，正式明确地、系统性地提出了制度反腐的基本策略。三是反腐立法体系完善与制度增补。在制度反腐的基本政策之下，加快立法完善，填补制度空白是这一时期反腐治理的重要特征。包括：第一，公职刑法的补充完善。1997 年刑法在吸收、整合、修正三部反腐特别刑法及 1979 年刑法中关于腐败犯罪规定的基础上，设立“贪污贿赂罪”专章，全面系统规定贪污贿赂犯罪罪刑规范。2003 年 12 月中国加入《联合国反腐败公约》（2005 年 10 月生效）。根据公约要求，刑法立法进一步修正了非国家工作人员贿赂犯罪（2006 年）、洗钱罪（2006 年），增设利用影响力受贿罪（2009 年）、对外国公职人员、国际公共组织官员行贿罪（2011 年）、利用影响力行贿罪（2015 年），进一步扩大了刑法的规制范围。第二，腐败预防立法的补充完善。中共十四大之后，对公权力实施者的选任与监督、公权力的行使与限制作出规范的立法相继颁布，如《国家公务员暂行条例》（已失效）（1993 年）、《中华人民共和国行政监察法》（1997 年）和《中华人民共和国招标投标法》（2000 年）。中共十六大之后，具有腐败预防功能的立法得以加快完善，国家先后颁布了《中华人民共和国政府采购法》（2003 年）、《中华人民共和国行政许可法》（2004 年）、《中华人民共和国公务员法》（2006 年）、《中华人民共和国反洗钱法》（2007 年）、《中华人民共和国反垄断法》（2008 年）等，构建了对公共权力生成、运行及腐败资金流动的国家监控体系。第三，政党规范的补充完善。在“政党法”层面，中国共产党相继颁布了具有腐败规制功能的规范，如《关于党政机关县（处）级以上领导干部收入申报的规定》（1995 年）、《关于省部级现职领导干部报告家庭财产的规定（试行）》（2001 年）、《中国共产党纪律处分条例》（2003 年）等，初步建立起党内与党外、非刑事与刑事治理“双二元”规范体系。由于腐败治理规范得以加快完善，加之公共权力逐步退出市场领域，诱发腐败的动因逐步减弱，腐败治理取得了成效。2002 ～ 2010 年，全国检察机关办理贪污贿赂案件的受案与立案总数均成逐步递减趋势，表明中国贪污贿赂犯罪整体蔓延与扩张之势已得到一定程度的遏制。然而，在腐败绝对数量降低的同时，贿赂犯罪数量却逐步增加，大案率和要案数不断上升[①]（具体数量变化参考第四章）。以陈希同、陈良宇、薄熙来等为代表的一批高级干部腐败的出现，表明腐败已经成为自上而下的系统性现象，中国正面临着反腐资源加大投入与系统性腐败难以根治的严重

① 孙国祥、魏昌东：《反腐败国际公约与贪污贿赂犯罪立法研究》，法律出版社 2011 年版，第 103 页。

困境，反腐治理受到了严峻挑战。

（四）"制度化"治理深化期（2012 年至今）

对于政治支配经济的腐败而言，或许通过调整公权介入市场经济的广度与深度，及加强权力监督的力度，可以得到一定程度的缓解；对于制度缺位或错位的腐败，或许通过补充性的制度完善，达到一定范围内遏制腐败之目的。但是，"环境系统性腐败"的出现，已经表明腐败成为一种社会文化或习惯而存在，涉及全体国民的行为方式和思维模式，以事后打击、刑事惩治为中心的传统腐败策略的腐败治理功能已趋饱和，腐败治理的边际效益递减现象明显，难以产生增量治理之效果。唯有根据腐败类型的时代变化，确立以事前预防为中心的反腐策略，才能真正实现腐败根源治理之目的。对此，2012 年中共十八大总结 20 年来反腐败斗争的经验，首次提出"干部清正、政府清廉、政治清明"的目标，提出了建设廉政文化，健全法律制度，注重科学有效的新要求。腐败治理重点在于以营造国家廉洁环境，以廉洁环境的生成来促成腐败的根源治理，标志着中国进入到腐败制度化治理的深化期，构建清廉环境是这一时期制度反腐的重点内容。当然，这一阶段的反腐治理刚刚起步，目前反腐治理的重点仍在于以刑事手段严厉打击腐败犯罪，正如中纪委王岐山书记所提出的，"当前要以治标为主，为治本赢得时间"。治标的目的在于减少腐败存量，而遏制腐败增量仍然需要治本。

二、中国现代化进程中的腐败治理困局

从 1949 ~ 2015 年，在近 70 年的国家反腐历程中，国家经济体制经

历了从计划经济到市场经济的重大变革，腐败衍生原因及类型也发生了重大变化。然而，强调以腐败后端场域为中心的治理理念及其模式并没有发生根本性扭转，导致当下中国腐败治理陷入了前所未有的困局之中，具体体现为：

（一）反腐资源投入与反腐成效不彰的困局

对腐败的治理配置全面、充分的国家资源，是现代转型国家腐败治理的一致经验。中国在步入现代转型期后，对反腐资源的配置与选择曾经历过曲折。现代化之初，受传统腐败治理策略的影响，以刑治腐、广泛配置刑罚资源，而忽视权力控制中的制度资源配置，使腐败的治理呈现出资源的单一性与事后治理性，错失了腐败治理的最佳机遇，成为中国腐败治理的重大教训。加大资源投入力度，配置更为广泛的资源，成为中国腐败治理的基本经验。以 1992 年中共十四大为标志，国家首次提出“依靠制度建设，从源头上预防和治理腐败”的反腐策略，制度反腐成为历届中央领导集体反腐决策的重点内容，反腐资源投入在模式、力度与方向转型的同时，资源配置的问题呈“几何级”增长的趋势。

从治理方式上看，犯罪治理可分为常态性治理和运动性治理两种方式，进而形成两种犯罪治理的资源投入形式，即普通时期的常态投入和特殊时期的集中投入。[①] 就日常治理而言，国家加大政策关注、立法、机构

① 参见单勇、侯银萍：“中国犯罪治理模式的文化研究——运动式治罪的式微与日常性治理的兴起”，《吉林大学社会科学报》2009 年第 1 期。

等资源投入，构建了庞大的腐败治理体系。从政策关注层面，反腐败始终是国家最高治理者宏观政策选择的重点内容，一段时期甚至成为国家政策选择的核心内容。从立法层面，反腐立法一直处于活跃状态。新中国成立初期，在尚未颁布刑法典的情况下，国家在1952年即先行颁布了《中华人民共和国惩治贪污条例》（已失效），作为腐败治理的法律依据。改革开放之后，在刑法典所设定的腐败犯罪治理框架的基础上，1982年《关于严惩严重破坏经济的罪犯的决定》（已失效）、1988年《关于惩治贪污罪贿赂罪的补充规定》（已失效）和1995年《关于惩治违反公司法的犯罪的决定》（已失效）等单行刑法，构建了从自然人到单位和从国家工作人员到公司、企业工作人员的腐败犯罪体系。1997年刑法颁布之后，国家通过刑法修正案（六）（七）（八）（九）增设新罪名，扩大立法规制范围。除刑法立法更新外，国家还颁布大量非刑事规范，其中既有国家法，也有党内规范。仅从1997年中共十五大至2008年年底的11年间，中央及各省制定的与反腐败有关的纪律法规文件就超过3000件，[①] 由此形成了庞大而复杂的反腐败规范体系。在机构设置方面，反腐机构的类型与规模不断扩大。在中纪委和监察部之外，2007年国家在国务院直属机构内增设国家预防腐败局，专司腐败预防职能，而全国范围内数量众多的检察院、审计机关、海关、银行（反洗钱中心）等机构、部门也均承担着一定的腐败犯罪预防职能。党的十八大以来，为加大案件查办的力量，中纪委进行了两次内部机构改革，将纪检监察室的数量从早期的8个增至12个，直接从事纪检监察业

① 参见陈心尘："反腐需要顶层设计与技术操作的完美结合"，载《东方早报》2012年3月28日，第A22版。

务工作的人员增加了100多名，纪检监察总人数分别占到内设机构总数和人员编制总数的近70%。[①] 在日常治理资源投入外，国家还在全国范围内，以专项治理、集中整治等非常规方式，集中投入司法资源和社会资源，对腐败犯罪进行高强度、高效率、暴风骤雨式的运动式治理，多次发动了大规模的反腐运动。

然而，在国家持续加大反腐资源投放的同时，腐败治理的总体效果并未出现明显改观，交易型犯罪日益严重，1998年以来的犯罪总量呈明显上升趋势。[②]2007年11月至2012年6月，全国纪检监察机关共立案643759件，结案639068件，给予党纪政纪处分668429人，涉嫌犯罪被移送司法机关24584人。年均查办违纪违法案件12万余件。[③] 截至2015年3月20日，中纪委打“虎”满百，百名副省部军级以上官员落马。[④] 党的十八大以来四年多时间内公开的副部级以上落马官员为124人，其中56人获刑，17人被降级、撤取。[⑤] 近期腐败治理取得显著成效的同时，也必须理性注意到，正是以往治理能力的不足而导致腐败长期潜伏的事实。国家投入的反腐资源、频繁发动的大规模反腐运动，并未使腐败真正处于有效遏制的状态，反腐资源投入与腐败治理成效之间存在严重的“悖反”

---

① 参见江琳：“中央编办主任详解中央纪委机构改革方案：编制不增 反腐提速”，载《人民日报》2014年4月16日，第5版。

② 参见孙国祥、魏昌东：《反腐败国际公约与贪污贿赂犯罪立法研究》，法律出版社2010年版，第115页。

③《中共中央纪律检查委员会向党的第十八次全国代表大会工作报告》，载《人民日报》2012年11月20日，第1版。

④ 参见许春华：“打老虎过百后的反腐动向”，《南风窗》2015年第8期。

⑤“十八大以来124名副部级以上官员落马56人已获刑法”，http://news.163.com/16/1231/00/C9ITJUFB0001875N_mobile.html，最后访问时间：2017年1月23日。

现象值得深刻反思。

（二）“制度大爆炸”与反腐机制不畅的困局

反腐败的“大爆炸理论”，源自于瑞典哥德堡大学政治学者罗斯坦对腐败治理的观察。罗氏认为，只有经过一次密集的制度大变革，改变人们对腐败的根本预期，引发反腐“谢林式”触发点，才可能改变政治环境与社会环境，使全民腐败走向全民廉洁。[①]“制度大爆炸”理论建立在制度反腐的基础上，当腐败已经成为一种制度性或者体制性腐败时，“只有通过持续的制度创新改变人们行为的激励机制，减少腐败得以发生的机会，并强化对权力行使的约束机制才能有效地遏制腐败”。[②]瑞典和现代的新加坡、中国香港特别行政区，正是通过这样的“制度大爆炸”才构建了廉洁政府。[③]自20世纪80年代以来，中国逐步加强反腐制度建设。在党的十四大之前，反腐制度建设集中于刑事立法，国家通过三部特别刑法构建起1997年刑法中腐败犯罪的立法体系。党的十四大之后，国家提出制度反腐的政策导向，并从党内规范开始，加强综合性制度构建，反腐规范的数量突飞猛进。此后，每一届政府都会增加新的反腐法律法规，立法的繁荣表明中国似乎已进入“制度大爆炸”时期。

中国已经建构起相对完善的反腐立法体系，为何腐败却并未得到有效的扼制，腐败治理真正的转折点缘何姗姗来迟？这是“制度大爆炸”时期

---

① 参见罗斯坦：《政府质量执政能力与腐败社会信任和不平等》，蒋小虎译，新华出版社2012年版，第123页。

② 参见何增科：《反腐新路：转型期中国腐败问题研究》，中央编译出版社2002年版，前言，第9—10页。

③ 参见叶竹盛："反腐的制度大爆炸"，《南风窗》2015年第11期。

又一困局的集中表现。腐败治理需要大量的国家资源投入，需要政策、制度、立法及反腐机构的专门化，然而，静态的反腐资源并不能直接形成积极的治理成效。一方面，反腐资源如果缺乏明确而统一的理念与战略指导，相关的政策、制度及立法之间就会存在无序化、局部化、冲突化的严重问题，制度之间的对立，足以扼杀资源本应具有的腐败治理能力，造成总体资源效益的“零”收益结果。另一方面，反腐资源协同能力不足，也严重阻碍反腐资源效益的实现。反腐机制，是使包括反腐政策、制度、立法与机构动态协同运行的综合性系统，机制内各要素的高度协同和配合，才能确保机制的运行顺畅。在规范体系上，中国目前采用党内、党外“二元化”的反腐体系，但两套反腐规范的设计基准几乎是高度重合，党内法规与国家法对腐败的评价标准一致，缺乏阶梯化的功能区分，党内法规几乎无法发挥腐败预防功能，加之其缺乏强制执行力，导致数量众多的党内法规存在“口号化”现象。在执行机构上，作为党内机构的纪委与作为行政机构的监察部门是“一套人马，两块牌子”，党内监察与公共监察高度重合，无法形成“层阶化”的预防体系。国家预防腐败局对其他腐败预防机构的监督与制约不足，难以形成体系化、预警化的预防机制。此外，诸如审计机关、银行、海关等机构的腐败预防职能均由各自的部门立法加以规定，部门立法的狭隘性造成各机构职能之间缺乏衔接、协调和配合。如2010年《中华人民共和国审计法实施条例》第40条规定，审计后发现“涉嫌犯罪的，移送司法机关”，但未规定移送的时间点以及怠于移送的法律责任。反腐体系的重合化、机构职能的非统筹化、制度构建的非契合化，降低了反腐预防机制运行的整体效果，是导致制度数量增加与反腐机制不畅出现背反状态的重要原因。

（三）腐败“粘性”与反腐惯性的困局

诺贝尔经济学奖获得者米达尔认为，腐败具有“粘性”，腐败一旦发展到特定程度，便会形成均衡，难以再打破，对于中下层官僚而言，当每个人都认为自己清廉与否无法改变腐败大局之时，便都成为腐败的共谋者，而对于高层官员而言，通常是腐败制度的最大获益者，反腐存在潜在的政治风险。[①]腐败“粘性”使得“腐败与反腐呈胶着状态”，[②]摆脱腐败“粘性”方式在于通过反腐理念与制度创新，产生“制度大爆炸”，涤清腐败环境，重塑清廉政治人文环境。

然而，面对腐败高发态势及转型社会“维稳”需求，腐败治理往往又会产生路径依赖，习惯性地落入传统反腐理念与模式之中，不仅无法摆脱腐败“粘性”，甚至出现与反腐政策相背离的结果。自20世纪80年代以来，受以“教育为主、惩罚为辅、教育多数、惩罚少数”的刑事政策影响，中国刑法形成了“厉而不严”的腐败犯罪惩治模式。所谓“厉”，是指贪贿犯罪刑罚严厉，最高法定刑为死刑；所谓“不严”，是指贪贿犯罪的犯罪构成要素较多，如“数额较大”“利用职务上的便利”“为他人谋取利益”等构成要素直接缩小了刑法的规制范围。从1988年至今，腐败类型早已发生了巨大变化，“系统性腐败”“族群式腐败”“小官巨腐”等新型腐败类型的出现，表明腐败侵蚀已经从社会局部扩大到整体环境系统，腐败治理不再是简单的个案处理问题，而是净化、再造社会环境问题。然而，反

① 参见叶竹盛：“反腐的制度大爆炸”，《南风窗》2015年第11期。

② 参见孙乾：“中纪委：腐败与反腐败呈胶着状态”，载《京华时报》2015年1月7日，第4版。

腐刑事立法并未因此而发生变化，依然维持着原有的犯罪评价标准，较高的入罪条件，加之预防机制与刑事侦查手段滞后，进一步引发了腐败犯罪选择性治理问题。在《刑法修正案（九）》（2015 年 8 月 29 日）及《最高人民法院、最高人民检察院关于办理贪污贿赂刑事案件适用法律若干问题的解释》（2016 年 4 月 18 日）颁布之前，贪贿案件的立案数额标准最低仅需要 5000 元，在情节严重的情况下，甚至可以低于 5000 元即可立案。以今天的经济发展水平看，5000 元是一个非常低的标准，但受“教育为主、惩罚为辅”的刑事政策影响，司法机关强调反腐大案、典型案件对于社会公众的警示与教育意义，在实务操作中采取了对小额腐败不追诉的做法。如某省检察系统内部有不成文的司法惯例：个人受贿金额 5 万元人民币以下者，一般都认为是“小案”，绝大多数只是追回赃款，而不再立案查处。[①] 司法办案中的“抓大放小”之风，间接提高了腐败案件的立案标准，造成了反腐标准的任意性。司法变相操作的根源仍来自于反腐惯性，立法沿袭旧习，未能根据社会发展及腐败治理的新要求进行及时调整，存在严重的惰性特征，是导致难以摆脱腐败“粘性”的重要原因。

（四）硬性反腐过剩与软性反腐不足的困局

根据腐败治理手段的差异，可将反腐分为硬性反腐和软性反腐。前者表现为以权力制约权力，以国家为主导，自上而下地在公权体系内展开反腐，治腐手段具有权威性和强制性，能够产生即时反腐效果；后者表现为以权利制约权力，以社会为主导，以周边环境包围权力展开反腐，治理手

① 参见苏丹丹、段宏庆：“广东东莞海关集体受贿案涉案人员多数被轻判”，《财经》2005 年第 11 期。

段具有绵密性和非强制性，能够产生长期反腐效果。在现代国家治理系统中，上述两种治理手段因各有优劣而相互支撑、互为补充。

基于集权治理之传统，“中国式”反腐更多地采用硬性手段，以政治高压为动力，“党委统一领导、党政齐抓共管、纪委组织协调、部门各负其责”，刑法是腐败惩治的主要手段，刑事惩治数量是民众评价腐败治理的主要标准。尽管硬性反腐有其强制性、威慑性之优势，但却存在着反腐动力逐层递进的弊端。据相关数据统计，2013 年到 2016 年年底，中央查办副部级以上高官 124 人，现职副部级以上干部的人数与每个省副厅级以上干部大致相近，都在 3000 名左右，但同期 31 个省份共查处副厅级官员 1941 人，每省平均约 62 人；地市一级干部人数的基数是厅局级干部的十数倍乃至数十倍，但被查办的县处级干部人数，4 年约 12296 人，尚未到达同期被查出厅局级干部的十倍。[①]“苍蝇”被查出的比例远远低于“老虎”，并不是说明基层比高层更为廉洁，只能推定为在“苍蝇”“老虎”一起打的反腐政策之下，基层腐败现象未能得到充分揭示。

解决硬性反腐弊端的途径在于拓展腐败治理的主体范围，在政治体制之外将公民社会作为推动反腐的重要力量，构建权力反腐与权利反腐的双重螺旋体系。一个强大的活跃的和警觉的公民社会是制约国家权力防范政治腐败的有力屏障。[②]《联合国反腐败公约》第 13 条明确强调了社会参与反腐的重要性，并敦促各国将社会参与制度作为预防腐败机制的重要环节

---

① 参见刘行之：“对两年多来反腐败的回顾与反思”，http://www.21ccom.net/articles/china/ggcx/20150529125258_2.html，最后访问时间：2015 年 6 月 12 日；《最高人民检察院工作报告》(2014—2016)，http://www.spp.gov.cn/，最后访问时间：2017 年 3 月 20 日。

② 参见何增科：“论构筑反腐败的制度平台”，《北京行政学院学报》2001 年第 6 期。

和一项国家应尽的义务加以实现。然而，中国市民社会发展尚未成熟，权利反腐意识尚未开启，体制外反腐存在动力不足、保障缺乏等诸多问题。尽管近些年民众通过网络开始参与到反腐中，网络反腐成为时髦名词，但社会参与腐败治理的有效性极为不稳定，具有明显的偶然性，社会参与缺乏必要的规范和渠道，加之参与者的复杂心理和信息有限，社会参与腐败治理行为获得体制内反腐力量的重视支持和答复的力度十分有限。① 此外，作为权利反腐最为重要载体的新闻媒体，限于传统新闻管理体系，监督权处于收缩状态，难以真正发挥舆论监督功能。现行腐败治理体制呈现“体制内”和“体制外”的结构断裂，② 硬性反腐过剩与软性反腐不足并存，是影响腐败治理可持续性的负面因素。

（五）反腐力度极端化与腐败烈度居高不下的困局

中国历史上有“从严治吏”的法律传统，加强腐败治理，避免重蹈封建帝国腐败亡国的覆辙，是中国共产党在即将向世界宣告新中国成立之前就已经明确的基本方针，也是新中国成立后实施国家治理的一项重要内容。1952 年《惩治贪污条例》即将贪贿犯罪的法定最高刑规定为死刑。虽然 1979 年刑法采用区分化原则，将受贿罪的法定最高刑降至 5 年以上有期徒刑，但 1982 年 3 月 8 日全国人大常委《关于严惩严重破坏经济的罪犯的决定》旋即恢复了受贿罪的死刑规定，继而被 1997 年刑法所确认，并保持至今。死刑是惩治犯罪最为严厉的刑罚手段，将贪贿犯罪的法定

---

① 参见金爱慧、赵连章：“论中国传统人际关系对腐败的影响”，《东北师大学报》（哲社版）2010 年第 2 期。

② 参见柏维春：“中国腐败治理的体制困境及其应对”，《东北师大学报》（哲社版）2011 年第 3 期。

最高刑规定为死刑，体现了国家严厉惩治腐败的坚定立场。在世界死刑废止改革浪潮之影响下，中国已经开启了死刑废止之路，但对于腐败犯罪死刑的废止，仍有诸多来自于官方和民意的阻力，“在目前腐败现象还比较严重的情况下，短时间内即废止其死刑，会与国家基本的政治形势不相符合”①，死刑作为体现国家反腐力度的重要象征，在未来一段时间内仍将继续保留。

尽管刑法对腐败犯罪设置了最为严厉的惩治措施，但腐败烈度仍然居高不下。所谓腐败烈度，是关于犯罪严重程度的指标，通常包括腐败犯罪的大案率、要案数和犯罪人的位阶性等三项具体指标。根据统计，从1990～2009年，全国检察机关办理贪污贿赂犯罪的大案率、要案数（人）总体上呈现波段性上升的特点，特别是在2000年之后，贿赂犯罪的大、要案数均明显持续上升。②此外，党的十八大以来腐败官员的级别也在不断提高，在中、高级别官员中出现了“塌方式腐败”，甚至是国家级的“寡头腐败”。腐败数额也急剧上升，赃款数额几千万已经成为常态，数额上亿也不罕见。这些均表明现有立法的死刑规定对腐败犯罪人缺乏有效的威慑效果，提升反腐力度与有效降低腐败烈度之间缺乏因果关系。

腐败是制度的产物，但制度也是反腐的基础。“反腐败的制度不作为，不能有效遏止腐败，更不用说是根除腐败了。正是在这个意义上，所有国家都会从制度入手来惩治腐败和预防腐败，确立清廉政府。”③中国已经

① 参见赵秉志：“论中国非暴力犯罪死刑的逐步废止”，《政法论坛》2005年第1期。

② 参见钱小平：“中国惩治贪污贿赂犯罪立法宏观运行效果考察”，《暨南学报》2012年第6期。

③ 参见郑永年：“反腐败与制度建设”，http://politics.people.com.cn/n/2014/0806/c70731-25415010.html，最后访问时间：2015年6月12日。

进入了制度反腐的深化阶段，腐败治理的规范数量已颇具规模，但质量不高，且关键的核心制度尚未形成，是导致现代化进程中“中国式”反腐难以摆脱“腐败粘性”而陷入治腐困局的关键原因。立法是制度构建之基础，在“高压反腐”的新常态之下，确立科学的立法战略，明确腐败积极治理模式，避免以往立法的无序化、低效化现象，是加快推进中国反腐败立法之前提。

第四章 惩治腐败犯罪的立法运行效果实证分析

腐败犯罪数量的变化是评价反腐立法运行效果的主要依据，尤其是刑法立法。中国惩治腐败犯罪立法历经60年的发展，特别是1979年第一部刑法典颁行后的30多年中，国家通过扩大罪名体系范围、调整罪刑规范内容、增加罪名体系层次，不断完善贪污贿赂犯罪刑法治理体系的内容。然而，完备的立法体系建构与实际治理效果之间并非简单的对应关系，相反，立法体系对于贪污贿赂犯罪的控制能力与作用，才是判断刑法实际治理效果的根本标准。正如英国学者罗杰·科特威尔所言："法律是否能够有效地影响人的行为被认为是衡量立法科学性的重要标准。"① 换言之，立法科学性是指立法过程中必须以符合法律所调整事态的客观规律作为价值判断，并使法律规范严格地与其规制的事项最大限度地保持和谐，法律的制定过程尽可能满足法律赖以存在的内、外在条件。② 这种判断是建立在对以往立法反思基础上的。只有全面评价中国现行惩治贪污贿赂犯罪立法的

① [英] 罗杰·科特威尔：《法律社会学导论》，潘大松译，华夏出版社1989年版，第67页。

② 关保英："科学立法科学性之解读"，《社会科学》2007年第3期。

实际运行效果，才能发现以往立法的得失，为今后立法的完善提供必要的理论准备。

一、反腐犯罪整体趋势考察基本方法的选择

对中国贪污贿赂犯罪整体趋势的宏观考察，离不开对这一时期贪污贿赂犯罪实际发案状况的统计，唯有此才能得出正确的结论。然而，犯罪学基本原理告诉我们，对于一定社会阶段中犯罪实际发案状况的考察，是一个带有相当难度的问题，犯罪黑数[①]的存在，在客观上造成了无法对一定时期特定犯罪实际发案状况准确量定的结果，直接影响了对特定刑法立法规制能力与效益的评价。就贪污贿赂犯罪而言，犯罪黑数的问题则更为突出，一方面，贪污贿赂犯罪属刑法理论中的身份犯，犯罪主体通常是居于社会精英阶层的公职人员，占有充分的社会资源，犯罪智能化程度高、隐秘性强，使贪污贿赂犯罪具有高度的潜伏性和发案的迟滞性；另一方面，贪污贿赂犯罪侵害的法益多为公共法益，社会公众的保护意识低于有具体被害人的犯罪。不仅如此，在20世纪80年代初叶中国步入转型时期以后，社会控制机制尚处于逐步健全与完善的动态发展之中，特定机制的缺失影响了贪污贿赂犯罪的及时查处，因而，在实际发案与实际发生的贪污贿赂犯罪之间存在着相当规模的“腐败黑数”。有学者研究认为，据保守统计，中国的“腐败黑数”至少为80%，公务员腐败被发现的概率大约在

---

① 在犯罪学理论中，“犯罪黑数”是指由于各种原因而没有记载在刑事统计中的犯罪的数字。官方知悉并记录在案的行为只是实际发生的犯罪行为的一部分，还有相当一部分实际已经发生的犯罪由于没有觉察和识别或者虽为侦查当局发现，但未被侦破或未被审判的犯罪行为作为“犯罪黑数”而隐藏起来。因而，在使用犯罪数量和犯罪率，也应该考虑到“犯罪黑数”的存在和其存在范围，从而对某一地区特定阶段的犯罪实际情况作出正确估计。参见张旭:《犯罪学要论》，法律出版社2003年版，第103—104页。

10% ～ 20%。[①] 所以，贪污贿赂犯罪者的罪行，即使败露，也只是浮在水面的冰山的一角，是犯罪表层，更大的罪恶则在水下。“腐败黑数”的客观存在给刑法立法规制能力的准确评价造成困难。正因如此，基于准确量定中国贪污贿赂犯罪刑事立法与犯罪整体趋势实际关系的需要，有必要首先确立贪污贿赂犯罪宏观趋势的科学测定标准。

中国刑法学界对贪污贿赂犯罪的研究，始终将研究的重点置于此类犯罪的基本类型、构成要件设计与罪刑关系配置等方面，而对于如何准确评价贪贿犯罪刑法立法与犯罪整体趋势关系的考察方法与标准，尚未形成具有积极影响的成果。随着以贪污贿赂犯罪为典型表现形式的腐败的泛化，特别是腐败对社会文明与进步危害的不断加剧，腐败问题引起了政治学与社会学理论的广泛关注，基于腐败与反腐败理论研究精确化的需要，对腐败现状的测量与腐败后果的估算，成为研究者高度关注的问题，形成了积极的研究成果，这些成果对于中国刑法惩治贪污贿赂犯罪立法发展与运行状况研究，具有借鉴价值与指导意义。

（一）腐败测量方法的基本类型

政治学与社会学理论在对腐败问题的研究中，提出了对腐败现状进行分析的两种基本测量方法。

1. 主观测量法

主观测量法，是通过发放调查问卷、实地访谈、网络调查、电话调查等多种方式调查了解各种不同社会集团人们对政治腐败实际程度的主要评

① 胡鞍纲、过勇：“公务员腐败成本——收益的经济学分析”，《经济社会体制比较》2002 第 4 期。

价，并在此基础上建立评估腐败状况的指标体系。[①]主观测量法以特定量度对象对腐败的主观评价为基础，通过建构一定的指标体系对腐败状况进行现实估测。尽管其所量度的对象并不直接以对具体腐败发案状况的把握为基础，但是，通过建立科学的量度指标体系，能够得出科学的腐败状况的结论。

腐败主观测量法是国际反腐败领域中受到一致认同与高度重视的测量方法。正如有学者指出的："有时候主观的感觉可能比客观情况更为重要。例如，对一个国家腐败的感觉程度越高，外国投资者在该国进行投资的可能性就越低，而公众对政府施加的反腐败舆论压力和政治压力也就越大。因此，对腐败程度的主观感觉可以成为衡量腐败状况的一个重要依据。"[②]一些国际组织通过定期发布对世界各国或地区腐败状况的评估参数，建立公众对腐败议题的关注，引导各国政府关注他们在腐败指数排行榜上排名过低所带来的消极影响，以促请他们采取有效行动制约腐败问题。目前在国际反腐败领域具有一定影响的国际组织，如国际透明组织（Transparency International，TI）、世界银行（World Bank）、联合国开发计划署（UNDP）、国际商会（Business International）等均相继建立了相应的腐败程度评估体系，其中，具有相当影响的是国际透明组织的腐败程度评估，由"透明国际"所建立的评估指标体系是由CPI（清廉指数）和BPI（行贿指数）构成的，其中，CPI反映的是全球各国商人、学者及风险分析人员对世界各国腐败状况的观察和感受，其数据来源是由一些专家学者从国际上重要、著名的调查报告中（如"盖洛普""政治与经济风险组织""世界经济论坛"

① 何增科：《转型期中国腐败问题研究》，中央编译出版社2002年版，第46页。

② 倪星、王立京："中国腐败现状的测量与腐败后果的估算"，《新华文摘》2004年第3期。

等机构和组织所作的调查报告）提取有关人士对各个国家腐败程度的感觉和评判数据，加以综合评估，给出分数。BPI（行贿指数）在一定程度上是对清廉指数的一个补充。“透明国际”通过对中国腐败状况的长期观察，对中国的腐败状况作出年度评估（见下表）。

表 1：透明国际“腐败感觉指数排行榜”（Corruption Perceptions Index，CPI）中国得分与排名情况

时间（年）	中国得分	中国排名	样本数量
1980～1985	5.13	缺	缺
1988～1992	4.73	缺	缺
1995	2.16	40	41
1996	2.43	50	54
1997	2.88	41	52
1998	3.5	52	85
1999	3.4	58	99
2000	3.1	63	90
2001	3.5	57	91
2002	3.5	59	102
2003	3.4	66	133
2004	3.4	71	146
2005	3.2	78	159
2006	3.3	70	163
2007	3.5	72	180
2008	3.6	72	180
2009	3.6	79	180

续表

时间（年）	中国得分	中国排名	样本数量
2010	3.5	78	178
2011	3.6	75	183
2012	39①	80	176
2013	40	80	177
2014	36	100	175
2015	37	83	缺
2016	40	79	缺

资料来源：透明国际（Transparency International）网站：http://www.transparency.org/news_room/latest_news/press_releases。

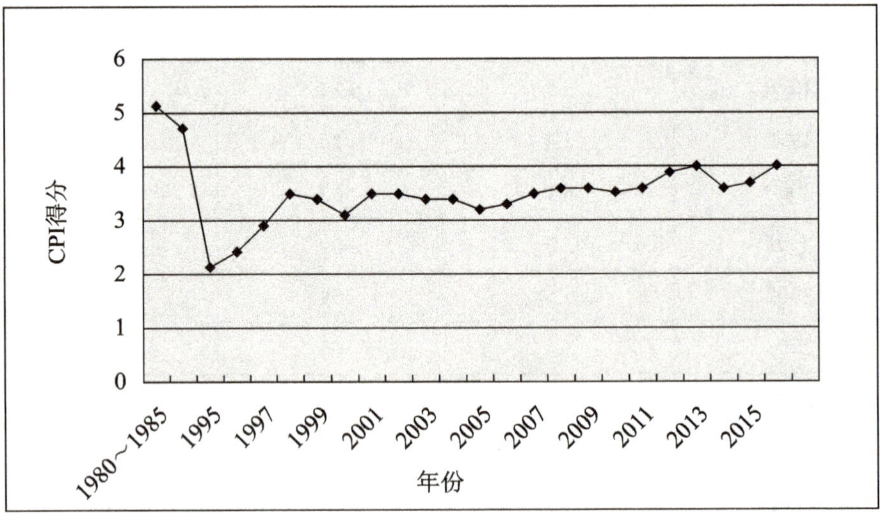

图 1：透明国际“腐败感觉指数排行榜”（Corruption Perceptions Index，CPI）中国得分走势图

① 自 2012 年起，“透明国际”改变了此前的十分制计量方法，将分数由十分制调整为百分制。

从表 1 和图 1 所提供的数据和腐败感觉（CPI）走势图来看，中国的腐败状况经历了由轻度腐败到严重腐败再至逐渐趋缓的过程。其中，20 世纪 80 年代前 5 年是中国腐败发案的低潮期，20 世纪 80 年代后 5 年至 90 年代中期，随着中国社会转型的逐步深入，中国腐败案件的发生率呈现出逐年上升的趋势，并于 1995 年达到腐败严重状况的最高点。其后，随着中国社会制度的完善，特别是反腐败斗争的深入发展，中国的腐败状况呈现出逐年轻缓的趋势。

表 2：透明国际“行贿指数排行榜”[①]（Bribe Payer Index，BPI）中国得分与排名情况

时间（年）	中国得分	中国排名	样本数量
1999	3.1	19	19
2002	3.5	20	21
2006	4.94	29	30
2008	6.5	21	22
2011	6.6	27	28

资料来源：透明国际（Transparency International）网站：
http://www.transparency.org/news_room/latest_news/press_releases。

① 行贿指数 BPI（Bribe Payers Index）是透明国际每 3 年一度进行的就全球各经济体进行的行贿可能性调查。行贿指数于 1999 年首次发表，0 分代表经常行贿，10 分代表没有行贿。

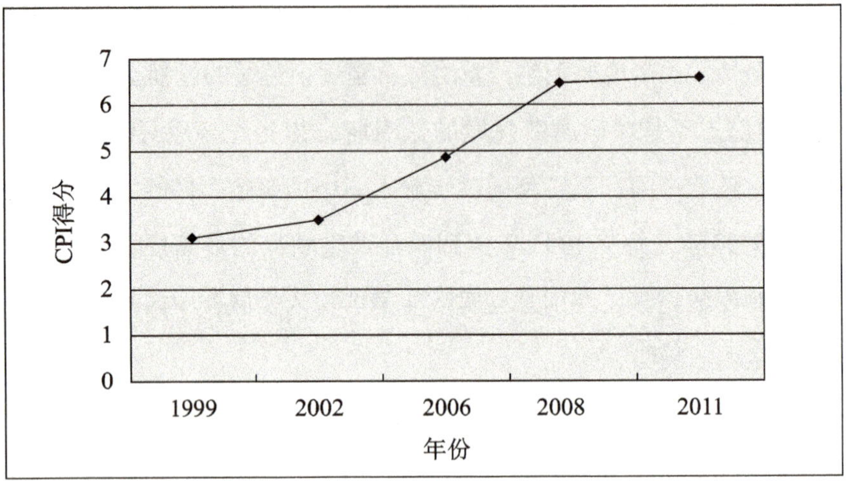

图 2：透明国际“行贿指数排行榜”（Bribe Payer Index，BPI）中国得分走势图

从表 2 和图 2 所提供的数据和行贿指数排行榜（BPI）走势图来看，中国腐败犯罪中的行贿犯罪一直处于高涨期内，且涨幅趋大，不仅如此，在所进行抽样评估的国家中，始终处于最低位序的序列之中，这一状况表明，中国的腐败犯罪仍有蔓延与扩张的趋势，反腐败的任务任重而道远。

2. 客观测量法

客观测量法，指主要是通过对历年来各种反腐机关查处的腐败案件进行统计分析来测量政治腐败程度的方法。[①] 有学者将此类腐败客观测量法称为“腐败频度”。认为，所谓“腐败频度”，至少包括两方面的内容：一方面指特定时间内社会特定层级中腐败行为发生的规模、涉及的范围、腐败主体的绝对值与相对值等量的规定性；另一方面指特定时间内社会特定层级中腐败行为的烈度、性质等质的规定性。[②] 客观测量法以现实的腐败

① 何增科：《转型期中国腐败问题研究》，中央编译出版社 2002 年版，第 47 页。

② 王传利：“1990 年至 1999 年中国社会的腐败频度分析”，《政治学研究》2001 年第 1 期。

发案状况作为判断依据，其对已然腐败犯罪程度与规模的测量与分析具有准确性，通过对反腐败成果与腐败犯罪发案状况间的对应关系，间接揭示腐败的现状及其后果。腐败的客观测量法在实际的腐败状况测量中会经常面临局限性的障碍，其原因在于，即使有这些统计分析也只能大致反映腐败案件发生的频率。“在现实中被曝光和查处的腐败案件只是实际所发生的腐败的‘冰山一角’，只占腐败实际数量的一部分，它只能反映社会反腐败的努力程度，而不能准确说明腐败的实际程度。”[①] 从而，人们对案件查处率和腐败黑数的推测只能从主观出发。尽管客观测量法存在腐败程度测量结果上的真实性问题，但是“它在衡量政治腐败程度及其变迁方面具有不可替代的作用。通过对反腐败机关查处的腐败案件进行分类统计分析，可以发现腐败行为主体层级分布和数量分布状况，可以找出腐败行为高发多发的领域，可以识别出各种腐败形式的危害程度，而这些都是政治腐败程度的重要标志”。[②] 因而，腐败的客观测量法仍是国内学者在对中国腐败状况进行具体实证研究中所主要采用的测量方法，在具体运用上，根据具体承担腐败治理职能机构的不同，其客观测量的范围会有所差异。[③]

以上两种腐败测量方法对于腐败状况的测量各有优势。其中，主观测量法所评估的是社会整体的腐败趋势，作为一种主观评估方法，其结论的得出无须以精确的犯罪数据为基础，具有抽象性与宏观性特征；而客观

---

① 王传利：“1990 年至 1999 年中国社会的腐败频度分析”，《政治学研究》2001 年第 1 期。

② 何增科：《转型期中国腐败问题研究》，中央编译出版社 2002 年版，第 48 页。

③ 在中国，对于腐败的控制包括纪律控制与司法控制两个体系，前者是由政府内设的行政监察机关与中国共产党的纪律检查机关行使检查职权，后者则是由国家检察机关、公安机关（承担非国家工作人员的腐败犯罪）与审判机关行使检查职权。

测量法通过考察国内腐败治理机关对已然腐败现象的治理状况进行具体量度，尽管在对已然腐败犯罪的量度上具有精确性优势，但因这种方法仍无法将“腐败黑数”纳入测量范围，从而在一定程度上影响了测量精度的准确性。有鉴于此，在现实的腐败测量中，通常是将两种测量方法有机结合起来，据以得出更为科学的结论。

（二）中国贪污贿赂犯罪整体趋势测量的方法选择

基于对腐败主观测量法与客观测量法基本特征及各自优弊的分析，我们认为，对于中国改革开放以来贪污贿赂犯罪整体趋势的考察，应确立将客观测量法作为基本检测方法，其原因在于：

1. 客观测量法符合对改革开放以来贪污贿赂犯罪整体趋势考察研究目的的需要

对改革开放以来中国贪污贿赂犯罪整体趋势的考察，是客观评价中国惩治贪污贿赂犯罪刑法立法科学性及其程度，进而准确量定刑法犯罪规制能力与规制效益的基础。只有准确把握贪污贿赂犯罪的基本趋势，分析这一基本趋势与刑法立法调整与完善之间的客观关系，才能得出立法科学性程度的结论，更为重要的是，才有可能根据现行贪污贿赂犯罪立法体系对已然贪污贿赂犯罪控制能力的基本分析，对中国刑法立法体系进行以《反腐败公约》为参照的立法完善提供理论基础。特定研究目的要求对改革开放以来中国贪污贿赂犯罪整体发展趋势的考察，应注重定量分析方法的运用。比较两种犯罪测量方法，尽管主观测量法所得出的结论也是通过一定量化数据来反映腐败的状况及其程度，但是，由于这种评估并非是对已然的、客观存在的犯罪状况的定量分析，因而，其结论无法完全符合研究目的准确性的要求；而客观测量法是以实然的犯罪实际发案状况为基础的，这种测量方法在本质上是一种典型的定量分析方法，可以满足揭示刑法立法规制能力与规制效益状况的研究需要。

2. 贪污贿赂犯罪惩治频度的客观考察，能够揭示此类犯罪整体趋势的基本状况

在腐败的社会学研究中，有学者提出，利用间接的方式，通过反腐败频度可以测出腐败频度。反腐败频度是说明反腐败的状态和性质的概念，指反腐败的规模、幅度、强度与烈度等。由于反腐败频度可以通过反腐败斗争的实际数据来测定，因而使腐败频度的测定成为可能。[①]这种观点值得肯定。对达到一定危害程度的犯罪进行必要而适度的刑法治理，是人类社会在面对犯罪时的一种必然选择与能动反应，在人类进入到国家状态以来，对犯罪的刑法治理更是国家的基本职能之一。犯罪的存在是引发国家惩治活动的原因，在犯罪与犯罪的刑法治理之间存在着内在的引起与被引起关系，并通过犯罪频度与惩治犯罪频度关系的形式表现出来，通过对国家惩治犯罪频度的考察能够揭示犯罪频度的基本状况。犯罪与刑法治理关系的基本原理，同样适用于腐败犯罪和与之相应的刑法治理活动之间的关系，从而对贪污贿赂犯罪整体趋势考察提供可能。尽管犯罪黑数的存在，会造成实际的贪污贿赂犯罪与受惩治的犯罪之间存在变量关系（这种关系用公式表达为：实际的贪污贿赂犯罪总数 = 已发案的贪污贿赂犯罪量 + 犯罪黑数），但是，只要对这种犯罪黑数的规模给予科学估测，完全能够得出一定时期内贪污贿赂犯罪状况的基本结论。客观测量法对特定犯罪趋势

① 王传利："1990 年至 1999 年中国社会的腐败频度分析"，《政治学研究》2001 年第 1 期。

的考察，如果单纯考察已然犯罪的基本趋势，而忽视腐败黑数的状况，恐难得出科学的结论。对此，有必要在区分惩治犯罪频度与实际犯罪频度的基础上，通过建立二者间的有机联系，实现通过考察惩治贪污贿赂犯罪频度以揭示贪污贿赂犯罪整体趋势的目的。

二、腐败犯罪整体趋势的具体考察

我们认为，对于改革开放以来中国贪污贿赂犯罪整体趋势的考察应遵循以下方法进行：（1）考察贪污贿赂犯罪各年度的实际受案总量与实际立案总量的基本情况，以此为基础考察其基本发展趋势，通过对基本趋势的分析，确立其与刑法立法调整之间的宏观关联关系；（2）考察具体贪污贿赂犯罪各年度的实际受案总量与实际立案总量的变化情况，将之与刑法立法对特定犯罪构成要件内容所进行的构成要件内容、刑罚配置关系等方面的调整结合起来，据以确定刑法立法调整对具体犯罪惩治的影响；（3）适当考虑腐败犯罪黑数对贪污贿赂犯罪整体趋势考察所存在的客观影响及其程度，在对贪污贿赂犯罪立法宏观运行状况的考察中适当关注其影响及作用。①

① 需要说明的是，尽管在中国启动改革开放的伟大实践以后，贪污贿赂犯罪因其高发性而受到国家立法与司法机关的高度重视，但是，由于在改革开放的不同历史时期对于贪污贿赂犯罪社会危害性的认识差异，导致主要承担贪污贿赂犯罪侦查职能的国家检察机关，所提供的数据无法全面反映贪污贿赂犯罪的具体状况，这一时期主要是 1979 年刑法颁行后至 1987 年，在这一时期全国检察机关对于其所办理的贪污贿赂犯罪案件的具体数量并未独立列出，因而，对这一时期只能以经济犯罪案件的总量、状况及其变化趋势加以分析。

表 3：1980 年至 1987 年全国检察机关办理经济犯罪案件受案与立案统计表

年度	受案总数	立案总数
1980	4000	缺
1981	35100	缺
1982	缺	33000
1983	缺	缺
1984	43000	22000
1985	缺	28000
1986	81591	49557
1987	缺	缺
1983 ～ 1987	缺	155000

资料来源：1980 ～ 1988 年最高人民检察院工作报告。参见最高人民检察院网站：http://www.spp.gov.cn/site2006/。

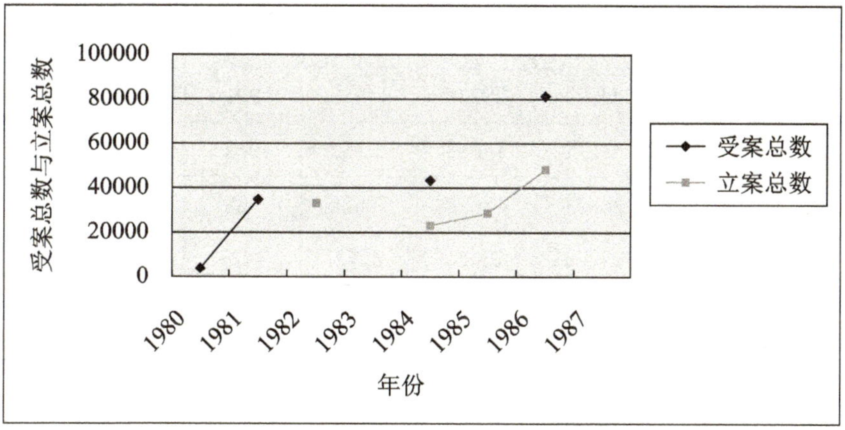

图 3：1980 年至 1987 年全国检察机关办理经济案件受案与立案走势图

表4：1988年至2012年全国检察机关办理贪污贿赂案件受案统计表

年度	受案总数	贪污	贿赂	挪用公款	集体私分	巨额财产来源不明	其他
1988	45700	36554	9234				
1989	116763	缺	缺				
1990	110226	59012	35674	15540			
1991	96872	53835	27275	15762			
1992	82403	46826	19651	15926			
1993	92136	49294	20475	22367			
1994	102112	51923	27696	22493			
1995	102038	51340	30080	20618			
1996	100383	50306	31623	18454			
1997	93050	47797	27152	18101			
1998	89544	46219	23046	14977	476	262	4564
1999	83555	44383	20299	15895	747	294	1937
2000	83461	44874	20771	14958	901	281	1676
2001	76530	41511	19688	12562	962	251	1556
2002	67935	36821	18698	10028	988	214	1186
2003	55333	29276	16476	8272	1023	193	93
2004	53418	27795	16637	7691	1013	227	55
2005	48722	24382	16224	7013	847	212	44
2006	45057	20477	17889	5793	687	188	23
2007	41175	18164	17264	5037	529	164	17

续表

年度	受案总数	贪污	贿赂	挪用公款	集体私分	巨额财产来源不明	其他
2008	39077	17102	16840	4539	421	151	24
2009	39279	17019	17794	3910	375	157	24
2010	38350	16185	18458	3188	322	182	15
2011	35852	14579	18023	2813	290	136	11
2012	35127	13460	18472	2826	253	113	3

资料来源：1990～2012年《中国检察年鉴》，中国方正出版社1990～2012年版。

表5：1988年至2012年全国检察机关办理贪污贿赂案件立案统计表

年度	立案总数	贪污	贿赂	挪用公款	集体私分	巨额财产来源不明	其他
1988	21100	16200	4800				
1989	58926	33681	25245				
1990	61929	29188	22185	10556			
1991	57260	28551	17668	11041			
1992	47451	24569	11964	10918			
1993	44540	20858	10019	13663			
1994	50074	21674	14797	13603			
1995	51089	21642	16831	12616			
1996	46314	19520	15945	10849			
1997	42762	18782	12916	11064			
1998	30670	12909	8759	8283	91	20	608

续表

年度	立案总数	贪污	贿赂	挪用公款	集体私分	巨额财产来源不明	其他
1999	32911	14372	8192	10056	198	28	65
2000	37183	16765	9872	101702	277	30	69
2001	36447	16362	10347	9283	341	25	89
2002	34716	15785	10725	7740	369	33	64
2003	31953	14161	10553	6754	419	32	34
2004	30548	13308	10572	6162	448	38	20
2005	28322	11792	10446	5636	406	24	18
2006	27119	10337	11702	4708	323	39	15
2007	26780	9956	12226	4285	283	19	11
2008	26306	9605	12471	3958	242	23	7
2009	25408	8865	12897	3412	212	21	1
2010	25560	8707	13796	2833	202	15	7
2011	25212	8475	13915	2607	196	16	3
2012	26247	8499	14946	2607	180	15	0

资料来源：1990～2012年《中国检察年鉴》，中国方正出版社1990～2012年版。

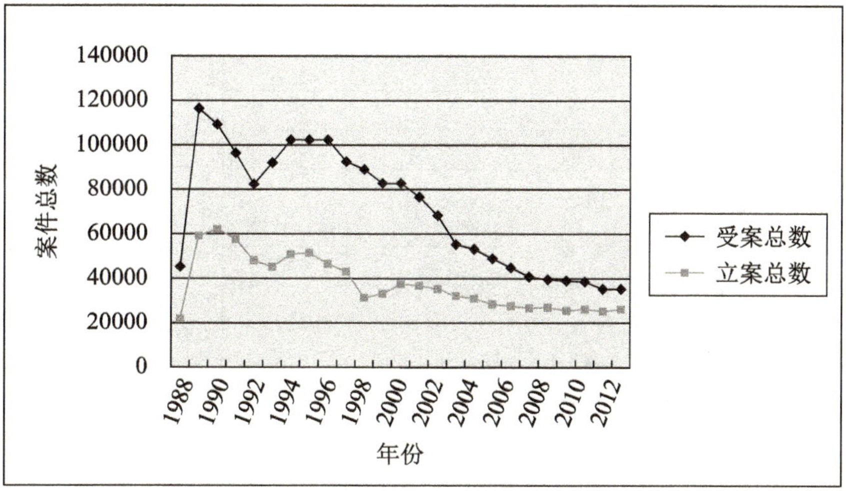

图 4：1988 年至 2012 年全国检察机关办理贪污贿赂案件受案与立案走势图

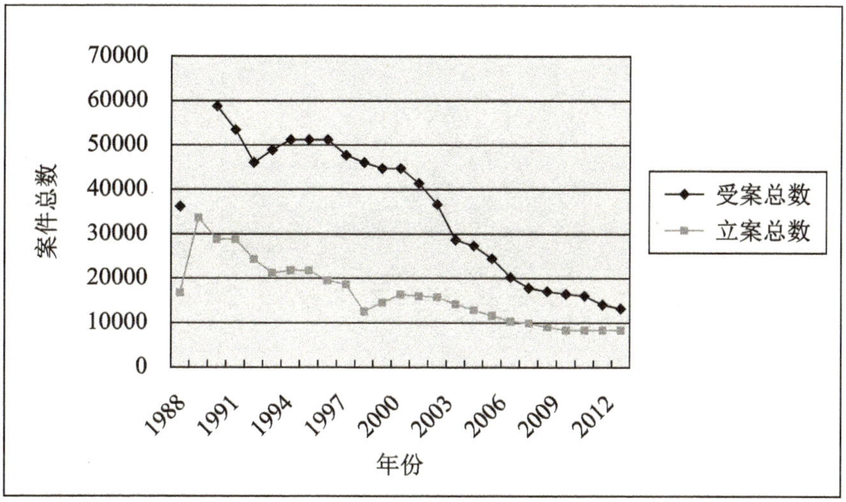

图 5：1988 年至 2012 年全国检察机关办理贪污案件受案与立案走势图

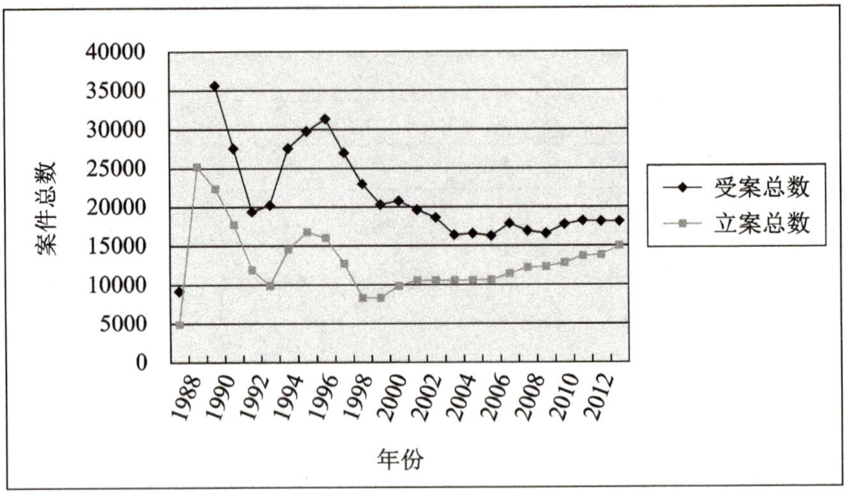

图 6：1988 年至 2012 年全国检察机关办理贿赂案件受案与立案走势图

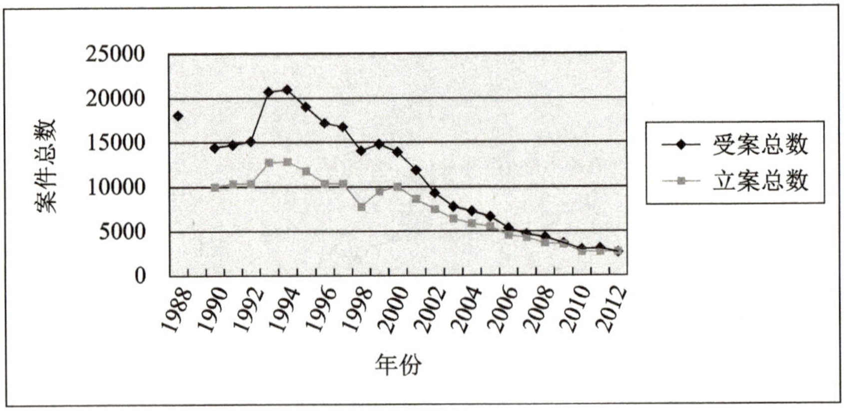

图 7：1988 年至 2012 年全国检察机关办理挪用公款案件受案与立案走势图

表 6：1990 年至 2012 年全国检察机关贪污贿赂犯罪案件大案、要案统计表[①]

年度	立案总数	大案（件）	要案（人）
1990	61929	13259	1344
1991	57260	13415	1004
1992	47451	18429	634
1993	44540	18191	990
1994	50074	23977	1713
1995	51089	29420	2193
1996	46314	31053	2361
1997	42762	33283	2156
1998	30670	9715	1674
1999	32911	13059	2200
2000	37183	16121	2556
2001	36447	16637	2670
2002	34716	16582	2546
2003	31953	16805	2389
2004	30548	16485	2626
2005	28322	16000	2503

① 本统计表数据均来自于 1990~2008 年《中国检察年鉴》，中国方正出版社 1990~2008 年版。但因年鉴统计口径的差异，年鉴无法反映出 1988 年和 1989 年的大案与要案之统计数据，考虑实证分析的有效性，仅对 1990~2007 年全国检察机关贪污贿赂犯罪案件大案、要案情况作出分析，以下各种具体贪污贿赂犯罪统计分析与走势图相同。此外，对于贪污贿赂案件的大案与要案标准，《中国检察年鉴》1999 年卷进行了明确，大案是指贪污、贿赂案数额在五万元以上、挪用公款案在十万元以上，其他案件在五十万元以上；要案是指县、处级以上干部。

续表

年度	立案总数	大案（件）	要案（人）
2006	27119	15681	2435
2007	26780	16819	2380
2008	25306	17594	2380
2009	25408	18191	2364
2010	25560	18224	2387
2011	25212	18464	2216
2012	26247	20442	2260

资料来源：最高人民检察院网站：http://www.spp.gov.cn/site2007/。1990 ～ 2012 年《中国检察年鉴》，中国方正出版社 1990 ～ 2012 年版。因统计口径不同，1988 年和 1989 年的大案与要案数未明确列出。

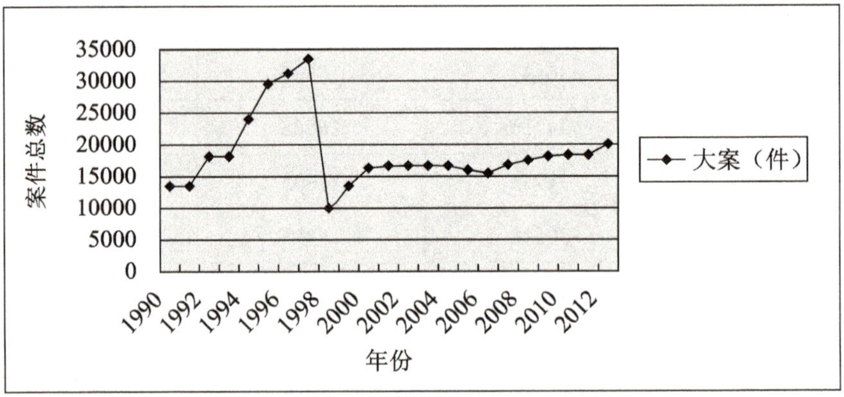

图 8：1990 年至 2012 年全国检察机关立案侦查贪污贿赂案件大案情况走势图

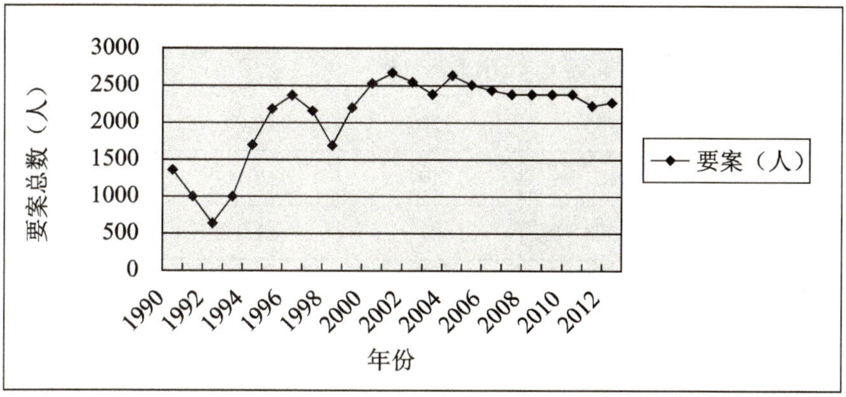

图 9：1990 年至 2012 年全国检察机关立案侦查贪污贿赂案件要案情况走势图

表 7：1990 年至 2012 年全国检察机关立案侦查贪污案件情况统计表

年度	立案总数	大案数（件）	大案率	要案数（人）
1990	29188	7435	25.5%	321
1991	28551	8050	28.2%	261
1992	24569	7898	32.1%	176
1993	20858	9881	47.4%	238
1994	21674	11430	52.7%	363
1995	21642	13330	61.6%	486
1996	19520	13619	69.8%	575
1997	18782	15490	82.5%	547
1998	12909	3657	28.3%	456
1999	14372	5173	36.0%	570
2000	16765	6736	40.2%	683
2001	16362	6932	42.3%	696

续表

年度	立案总数	大案数（件）	大案率	要案数（人）
2002	15785	7199	45.6%	732
2003	14161	7191	50.1%	632
2004	13308	6810	51.2%	691
2005	11792	6133	52.0%	591
2006	10337	5592	54.1%	529
2007	9956	5866	58.90%	462
2008	9605	5913	61.56%	465
2009	8865	5730	64.6%	397
2010	8707	5555	63.8%	406
2011	8475	5508	65%	343
2012	8499	6029	70.9%	360

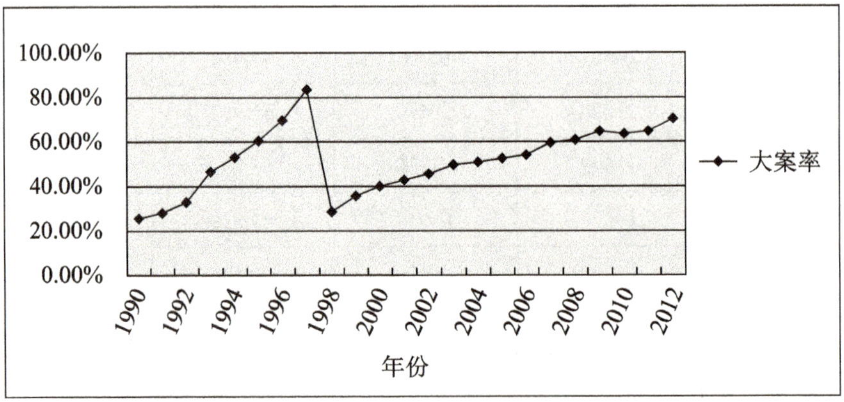

图 10：1990 年至 2012 年全国检察机关立案侦查贪污案件大案率走势图

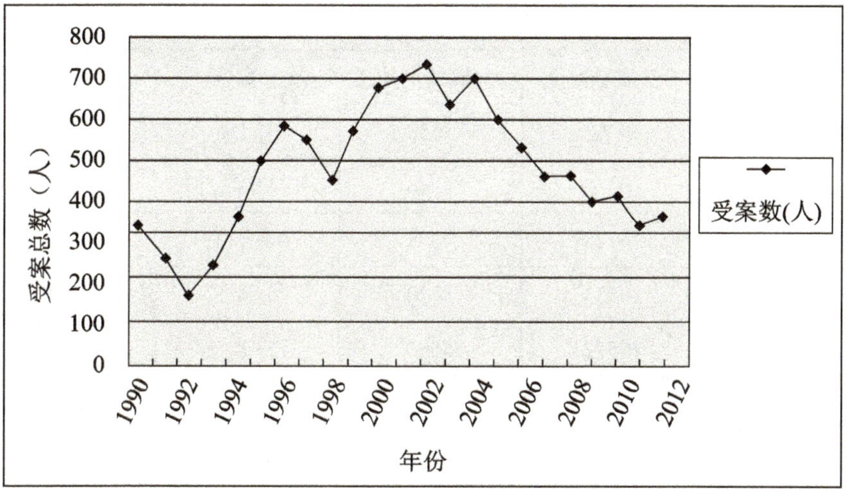

图 11：1990 年至 2012 年全国检察机关立案侦查贪污案件要案数走势图

表 8：1990 年至 2012 年全国检察机关立案侦查贿赂案件情况统计表

年度	立案总数	大案数（件）	大案率	要案数（人）
1990	22185	3860	17.4%	929
1991	17668	3266	18.5%	662
1992	11964	2613	21.8%	411
1993	10019	4356	43.5%	641
1994	14797	7625	51.5%	1173
1995	16831	10331	61.4%	1489
1996	15945	11497	72.1%	1564
1997	12916	10667	82.6%	1291
1998	8759	1847	21.1%	909
1999	8192	2552	31.2%	983

续表

年度	立案总数	大案数（件）	大案率	要案数（人）
2000	9872	3658	37.1%	1279
2001	10347	4248	41.1%	1378
2002	10725	4871	45.4%	1391
2003	10553	5424	51.4%	1378
2004	10572	5690	53.8%	1545
2005	10446	6042	57.8%	1527
2006	11702	7088	60.6%	1598
2007	12226	8045	65.8%	1650
2008	12471	8805	70.6%	1684
2009	12897	9875	76.6%	1755
2010	13796	10586	76.7%	1810
2011	13915	10927	78.5%	1682
2012	14946	12326	82.5%	1746

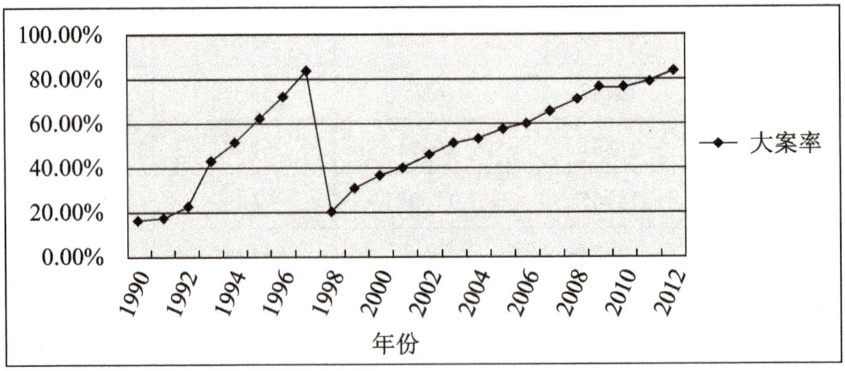

图 12：1990 年至 2012 年全国检察机关立案侦查贿赂案件大案率走势图

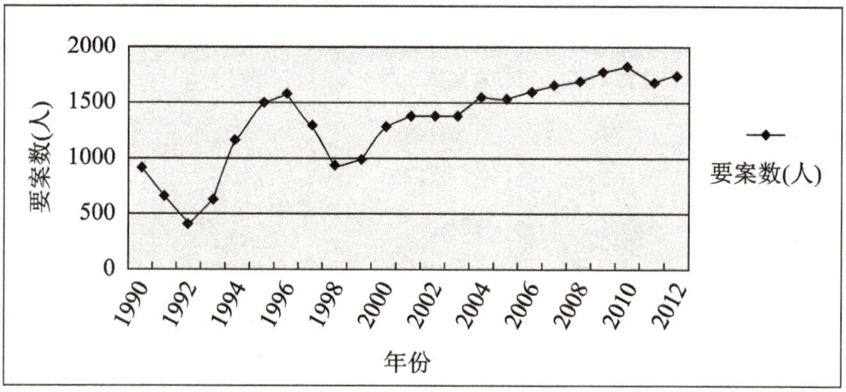

图 13：1990 年至 2012 年全国检察机关立案侦查贿赂案件要案数走势图

表 9：1988 年至 2012 年全国检察机关立案侦查挪用公款案件情况统计表

年度	立案总数	大案数（件）	大案率	要案数（人）
1990	10556	1964	18.6%	94
1991	11041	2009	18.2%	81
1992	10918	7918	72.5%	47
1993	13663	3954	28.9%	111
1994	13603	4922	36.2%	177
1995	12616	5759	45.6%	218
1996	10849	5937	54.7%	222
1997	11064	7126	64.4%	318
1998	8283	3885	46.9%	289
1999	10056	5244	52.1%	432
2000	10170	5623	55.3%	540
2001	9283	5082	54.7%	504

续表

年度	立案总数	大案数（件）	大案率	要案数（人）
2002	7740	4348	56.2%	359
2003	6754	4010	59.4%	289
2004	6162	3756	61.0%	277
2005	5636	3610	64.1%	289
2006	4703	3056	65.0%	218
2007	4285	2908	67.9%	196
2008	3958	2876	72.7%	158
2009	3412	2586	75.8%	136
2010	2833	2083	73.5%	113
2011	2607	2029	77.8%	109
2012	2607	2087	80.1%	88

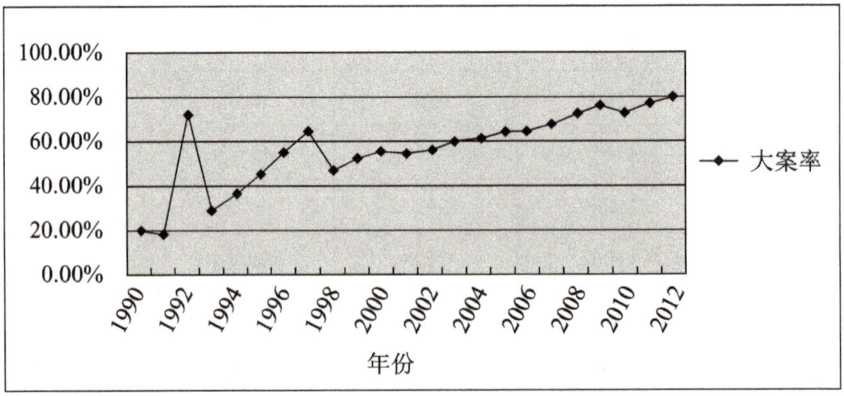

图 14：1990 年至 2012 年全国检察机关立案侦查挪用公款案件大案率走势图

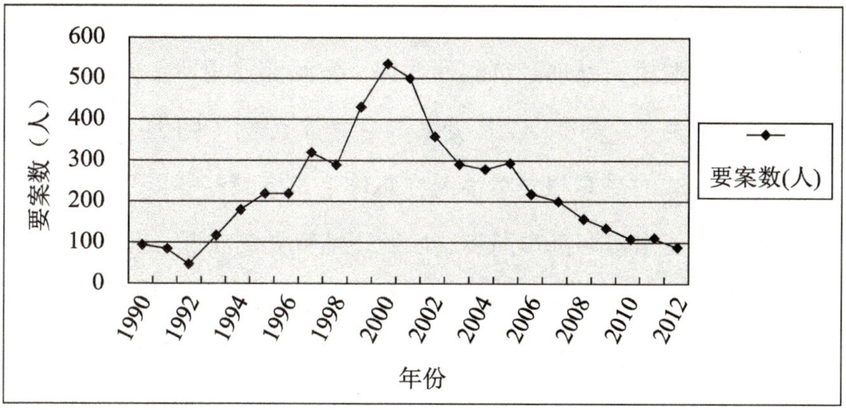

图 15：1990 年至 2012 年全国检察机关立案侦查挪用公款案件要案数走势图

三、腐败犯罪整体趋势考察的基本结论

（一）惩治腐败犯罪刑法立法总体产生了积极治理效果

尽管贪污贿赂犯罪的实际发生与实际治理程度之间不具有完全的重合性，但是，我们无法否认在犯罪的实际发生状况与国家惩治犯罪活动之间始终存在着一定的内在关系。这种关系既表现为腐败犯罪发生与治理之间的反应关系，也表现为腐败犯罪治理与刑法立法规制能力之间的反映关系。前者为通过腐败犯罪治理情况的考察揭示腐败犯罪的基本状况奠定了基础，而后者则为通过对腐败治理状况的考察揭示刑法立法规制能力奠定了基础。客观考虑“犯罪黑数”的规模以及犯罪发生与国家治理之间所存在的时滞性，完全可以通过对惩治贪污贿赂犯罪的情况分析出这一时期此类犯罪的基本发案情况，并通过建立犯罪基本发案情况与刑法立法完善与调整之间的关系，确定刑法立法对具体犯罪的治理能力。

1. 贪污贿赂犯罪发案数增幅总体趋缓

根据全国检察机关办理经济犯罪案件、贪污贿赂犯罪案件受案与立案统计表（表 3、表 4、表 5）以及受案与立案走势图（图 3、图 4）来看，中国贪污贿赂犯罪的受案与立案情况在总体上呈递减趋势，受案总数与立案总数的关系呈现出初期基本同步、后期逐渐变异的状况。其中，1979 年刑法颁行后，是贪污贿赂犯罪受案与立案总量急骤膨胀的高峰期，1980 年至 1990 年、1992 年至 1997 年为贪污贿赂犯罪受案总数与立案总数的上升时期，且从增幅看，前一时期增幅急骤增加，后一时期尽管在总体仍呈增长趋势，但增幅已明显减缓。1990 年至 1993 年间，贪污贿赂犯罪受案总数与立案总数呈下降趋势，并于 1992 年和 1993 年分别达至受案与立案总量的最低点。1997 年修正刑法典颁行后，贪污贿赂犯罪的受案总数与立案总数均呈逐步递减之势，但在具体趋势上仍存在细微差异，即受案总数自 2000 年起呈快速递减之势，而立案总数则自 1998 年以来呈微幅减缓之势。①

2. 贪污贿赂犯罪具体个罪增减不同

就贪污贿赂犯罪的具体个罪而言，呈现出不同的变化趋势。从图 5 所揭示的全国检察机关办理贪污案件受案与立案情况走势图看，受案数虽一直呈下降趋势，并于 2000 年开始出现减幅加快的情况；而从立案总数的基本趋势来看，贪污案件受案与立案总量自 1989 年以来始终处于下降之中，尽管 1998 年以后曾呈现出小幅上扬的趋势，但自 2002 年以后则呈现

① 当然，这种表面的结论未考虑各地事实上的贪污贿赂犯罪立案标准的提高。如果考虑立案标准的事实上变化，贪污贿赂犯罪的应予立案数总体上的减缓趋势是可质疑的。至多保持在一个平稳时期。

出整体下降的趋势。[①]

图6所揭示的是全国检察机关办理贿赂案件受案与立案情况走势图，就贿赂案件的受案与立案情况看，涉及四个重要转折点，其中，1989年与1995年为贿赂案件总体趋势呈现下降趋势的转折点，而1993年与1999年为贿赂案件总体趋势呈现上升趋势的转折点，2001年以后则呈现出稳定小幅上升的走势。从图7所揭示的全国检察机关办理挪用公款案件受案与立案情况看，其受案总数以1994年为转折点，其后呈现总体递减的趋势，且减幅逐渐加快；其立案总数在1990年至1997年间变化不大，自2001年开始呈现逐渐下降且减幅加快的趋势。其他类型的贪污贿赂犯罪的总量相对较少，且在总体趋势上也呈现出下降的趋势。

上述情况表明，中国贪污贿赂犯罪整体蔓延与扩张之势已得到一定程度的遏制。

中国贪污贿赂犯罪刑法立法的发展在总体上是与贪污贿赂犯罪的整体发展趋势相吻合的。改革开放以来，中国贪污贿赂犯罪刑法立法规制体系以1979年刑法为基础，历经1982年、1988年、1995年三次单行刑法的修正与完善，以1997年刑法的颁行为标志，建构起相对完善的立法体系。其后，贪污贿赂犯罪立法体系又根据社会经济发展的状况对部分犯罪的主体范围进行了调整。1979年刑法所确立的贪污贿赂犯罪立法体系，尽管在客观上存在罪名规定少、规制范围有限的问题，但是，由于刑法典对具体犯罪采取了设置较少构成要件的方法，使得刑法具有了开放适用的功能，

① 贪污案件的下降趋势，与近年来大规模的企业转制有直接的联系。原国有、集体企业转制后，贪污罪的规制范围事实上缩小了。

这种立法模式，对于有效控制 20 世纪 80 年代初期贪污贿赂犯罪的快速增长，产生了积极而重要的作用。随着社会转型的深入，社会主体的经济欲求呈现出不断膨胀的趋势，财富攫取欲望的现实化，导致公有制经济受侵害程度加重的结果，1979 年刑法贪污贿赂犯罪立法体系所固有的主体范围过窄的问题开始显现，立法规制能力的不足，成为促使 1988 年《关于惩治贪污罪贿赂罪的补充规定》(以下简称《补充规定》)出台的原因。《补充规定》以扩大犯罪主体范围、增加具体犯罪的行为类型为中心的立法完善，及时应对了转型过渡期贪污贿赂犯罪蔓延与扩张的趋势，其直接结果是 1989 年中国贪污贿赂犯罪受案与立案总量的急骤增加。其后，随着犯罪主体范围被限定于“国家工作人员”，且核心内容基本稳定，犯罪主体范围对贪污贿赂犯罪规制能力的影响也基本固定。《补充规定》的施行，以及相关司法机关职能活动的积极配合，[①] 为其后几年内贪污贿赂犯罪高发趋势的减弱奠定了基础。由于《补充规定》增加犯罪行为类型的同时，也增设了犯罪构成要件要素，使其后贪污贿赂犯罪范围的限缩，这种立法也是《补充规定》出台后的几年内犯罪总量减少的又一个原因。1997 年修正刑法贪污贿赂犯罪立法是对此前建构立法的确认，此后，贪污贿赂犯罪的

---

① 主要指 1989 年 8 月 15 日，最高人民法院、最高人民检察院联合发布的《关于贪污、受贿、投机倒把等犯罪分子必须在限期内自首坦白的通告》(以下简称《通告》)。在《通告》规定的两个半月内，全国检察机关接到群众举报贪污贿赂等经济犯罪线索 133765 件，有 36000 多名贪污贿赂犯罪分子到检察机关投案自首(参见刘复之:《最高人民检察院工作报告——1993 年 3 月 22 日在第八届全国人民代表大会第一次会议上》)。从 8 月 15 日《通告》发布到 10 月 15 日止，全国各级人民法院共新收检察机关起诉的贪污、受贿、投机倒把等经济犯罪案件 6755 件。法院适用《通告》判处了经济犯罪案件 5167 件。其中，贪污 1831 件，受贿 830 件，投机倒把 181 件(参见任建新《最高人民法院工作报告 1989 年 10 月 25 日在第七届全国人民代表大会常务委员会第十次会议上》)。

总体变化趋势逐渐趋于平缓，同时，由于社会腐败防范体系的建立，促使贪污贿赂犯罪趋势的总体下降。

（二）贪污贿赂犯罪主体范围扩大是强化治理效果的重要途径

1979 年刑法中贿赂犯罪的主体仅限于自然人中的国家工作人员。随着计划经济体制向市场经济体制的转换，利益主体开始分化并呈现多元发展的态势，立法为此亦在不断地适应和调整，犯罪主体的日益扩大是立法的基本趋势。表现为：

1. 犯罪主体类型的相对增加

贪污贿赂犯罪自然人犯罪主体范围的扩大。1979 年刑法规定的贪污贿赂犯罪主体（或行为对象）仅限于国家工作人员；《补充规定》则将国家工作人员与集体经济组织工作人员、其他从事公务人员并列。1995 年《关于惩治违反公司法的犯罪的决定》根据主体的不同，将贪污犯罪与贿赂犯罪进行分解，初步形成了公务型与业务型贪污贿赂犯罪的立法雏形。1997 年刑法实现了贪污型犯罪的全面治理；而贿赂型犯罪却始终存在治理盲区，表现为，刑法关于业务型贿赂犯罪的规定，对公司、企业以外的其他单位非国家工作人员所实施的贿赂行为无法调整，司法者在面对诸如医生利用处方权收受回扣、裁判吹“黑哨”等行为时无法应对。针对这一疏漏，《刑法修正案（六）》进行了完善，将公司、企业人员受贿罪的主体扩展到公司、企业及其他单位人员，从而将所有犯罪主体均涵括于立法的调控之下。

2. 犯罪主体类型的绝对增加

贪污贿赂犯罪主体由自然人向单位主体的延展。1979 年刑法颁行时，囿于计划经济体制的特殊性质，单位尚不存在自身独立的经济利益，刑法也未将现代意义上的单位犯罪纳入规制范围。20 世纪 80 年代中期以后，越来越多的单位参与到追逐经济利益的“大潮”之中，单位或法人贿赂案件日益增多，形成了自然人、单位单独或者共同犯罪的复杂局面。为及时应对这一变化，《补充规定》首次正式将单位受贿罪、单位行贿罪纳入贿赂犯罪的刑法体系，满足了应对司法实践的迫切需要。至 1997 年刑法，单位贪污贿赂犯罪的立法体系全面形成。

立法对贪污贿赂犯罪主体范围的修正，在犯罪的受案总量与立案总量上均得到充分的反映。以《补充规定》的颁行为分水岭，贪污贿赂犯罪呈现急骤增长的趋势，1989 年全国检察机关贪污贿赂犯罪受案与立案总量均大幅增长，其后，则在基本保持稳定的同时，呈现出明显下降的趋势。这一状况表明，刑法立法对犯罪主体范围的调整与犯罪的整体趋势之间存在着正向相关的关系。

（三）贪污贿赂犯罪立法仍存在立法效益上的诸多问题

1. 贪污贿赂犯罪的危害程度仍呈不断加剧的趋势

对于贪污贿赂犯罪整体运行趋势的考察，不仅要考察由检察机关受案和立案所反映的犯罪频度情况，还有必要引入犯罪烈度的考察指标，以对贪污贿赂犯罪的危害程度进行更具体的分析，进而对贪污贿赂犯罪立法体系的规制能力进行评价。贪污贿赂案件的犯罪频度主要是通过案件的受案与立案数量、立案率等指标反映的，而犯罪烈度则是指一定时期内反映贪污贿赂犯罪危害程度的指标体系。对犯罪烈度的考察可以通过大案与要案的数量变化、比率的分析加以确定。

表 6 是根据《中国检察年鉴》列出的 1990 年至 2012 年全国检察机关贪污贿赂犯罪案件大案、要案统计表，根据该表所绘制的大案情况走势图（图 8）与要案走势图（图 9）直观反映了犯罪烈度的情况。从图 8 所反映的情况看，自 1990 年起全国检察机关立案侦查的贪污贿赂案件大案数一直处持续急骤上升的状态，直至 1997 年修正刑法典颁行才出现转折的趋势，但在其后第二年（1998 年）大案数又继续不断攀升，并基本维持在 20 世纪 90 年代初期的水平。而图 9 的贪污贿赂案件要案数走势图，则揭示出尽管自 1990 年以来曾出现过 1992 年和 1997 年的短暂下降，但从总体上看，贪污贿赂犯罪要案数一直处于急骤持续上升的状态，要案数始终处于较高规模。此外，图 10、图 12、图 14 的贪污、贿赂、挪用公款案件大案率走势图，图 11、图 13、图 15 的贪污、贿赂、挪用公款案件要案数走势图，除挪用公款罪的要案数走势存在例外，其余犯罪烈度的考察基本显现出相似的运行规律，这一趋势与图 4 的全国检察机关办理贪污贿赂案件受案与立案走势图共同说明，尽管贪污贿赂犯罪的受案与立案量呈稳中有降的趋势，但是，贪污贿赂犯罪对社会的总体危害程度却并未随之出现缓和的趋势。这一状况表明，贪污贿赂案件的犯罪烈度仍处在日益加剧的状态。

考察中国贪污贿赂犯罪立法体系对犯罪的控制能力，可以发现，现行贪污贿赂犯罪立法体系在规制能力与规制效益方面尚存在较为严重的问题，表现为：现行贪污贿赂犯罪立法体系设计，尽管强调了从严治理贪污贿赂犯罪的立法思想，但是，却无法达到有效控制贪污贿赂犯罪烈度，以严密贪污贿赂犯罪刑事法网的作用。贪污贿赂犯罪大案、要案攀升的趋势表明，立法在规制能力方面尚存在严重缺陷。

2. 多层次的贪污贿赂犯罪立法体系未能发挥预期的控制作用

中国贪污贿赂犯罪刑法立法的完善与发展，以罪名体系的不断扩大，构成要件内容的不断完善为基本特征，并形成了多层次的立法规制体系。刑法典不仅具体规定了以自然人和单位为核心的二元主体类型体系，还在自然人立法体系的设计中逐步形成了以身份为中心的二元规制体系。刑法典不仅具体规定了贪污、贿赂、挪用公款等典型的贪污贿赂犯罪类型，还通过巨额财产来源不明罪的规定，建构起贪污贿赂犯罪的堵截罪名。然而，从现实的规制情况看，多层次的刑法体系并未产生预期的立法效益。

表 4、表 5 中全国检察机关自 1998 年以来巨额财产来源不明案件的受案数与立案数，显示此类犯罪的受案总量基本稳定在每年 200 件左右的水平，而其立案数则仅为 25 件左右，较之同一年份中贪污贿赂犯罪案件的受案数、立案数及立案率，不仅总量极低，而且受案数与立案数的比率也较低。由此表明，巨额财产来源不明罪的实际适用效果与立法初衷存在巨大落差。从立法目的的角度考察巨额财产来源不明罪的立法原因，立法机关显然是欲以此罪的设立建构腐败犯罪的堵截性规定，然而，这一初衷并未得到理论界的一致认同，该罪从设立时便伴随着巨大争议，其中主要的指责是立法关于该罪法定刑的配置失当，许多学者认为，最高五年的刑期过轻，使“巨额财产来源不明罪成为一些贪官的避风港”。①

---

① 2001 年，安徽省阜阳市原市长肖作新与其妻周继美共同受贿折合人民币 120 余万元，此外还有 1200 余万元人民币不能说明来源。因巨额财产来源不明罪论处的资产竟达已查明贪污款的近 10 倍之多。从司法实践来看，巨额财产来源不明罪多以数罪并罚的方式使用，很少单独行使，由于中国有期徒刑最高 20 年，所以该罪在判刑过程中常被“吸收”。

（四）贪污贿赂犯罪立法效益不足之原因分析

贪污贿赂犯罪的立法运行出现效益不足问题，固然与立法规定的犯罪数额过低有关，[①]但并非是简单的立法滞后问题，其形成有着诸多深层次的原因。

1. 腐败治理“运动化”的后遗症

长期以来，面对贪污贿赂犯罪的高发态势，国家习惯性地采用运动化的治理策略。反腐运动化虽然有助于调动全国民众的注意力，形成打击腐败的社会氛围，但也存在打击面过大的问题。因此，在运动反腐中往往会考虑采用教育为主、惩罚为辅、教育多数、惩罚少数的政策导向，树立重点打击对象，采用“以点代面”的策略，强调大案率和典型案件，通过限制打击范围、突出打击重点、惩罚少数人、教育一批人的方式保持运动的持久性，由此也促成 20 世纪 90 年代中期贪污贿赂案件大案率的畸高。尽管以 2002 年中国共产党第十六次代表大会为标志，我国进入了制度反腐时期，但“以点代面”的运动化特征并未完全消除，腐败治理进入“后运动化”时代，即运动化与制度建设同步进行，如 2005 年席卷全国的商业贿赂专项治理运动仍在强调对工程建设、土地出让、产权交易等六大领域的重点治理。“运动化”思维的长期影响，追求大案率、要案数量已经从“潜规则”变为了“明规则”，地方检察机关集中力量查办大案、要案，

---

① 在《刑法修正案（九）》颁布之前，1997 年刑法将贪污罪和受贿罪的数额限定在 5000 元以上，该数额较之 1988 年《补充规定》规定的 2000 元，翻了一倍有余，说明在经济发展的情况下，立法者对于贪污贿赂的数额及其危害性之间有一个等值性的判断。然而，从 1997 年至 2015 年，经济快速发展带来个人财富迅速增长，贪污贿赂犯罪的最低数额仍停留在 5000 元。立法的滞后性扭曲了数额与危害性之间等值关系，并促使司法通过提高立案数额标准的方式来恢复这种等值关系，这是导致大案率上升的重要原因之一。

形成了一股“抓大放小”之风，擅自提高立案标准，强调和宣扬“百分之一百”的大案率，[①] 造成大案率的不正常攀升。

2.“宽严相济”刑事政策的片面理解

在和谐社会背景下，为缓和社会转型过程中出现的紧张关系及对严打政策的反思，中央在2006年提出“宽严相济”刑事政策，这一政策要求根据犯罪的具体情况，实行区别对待，做到“当宽则宽、当严则严、宽严相济、罚当其罪”。尤其是“正确把握宽与严的关系，既要注意克服重刑主义思想影响，防止片面从严，也要避免受轻刑化思想影响，一味从宽”。[②] 然而，该政策往往会被片面理解为“轻刑化”政策。学界有观点认为，宽严相济的刑事政策就是轻缓的刑事政策，宽严相济的时代意义就是“以宽济严”，是轻刑化的刑事政策。[③] 司法实践也强调对小额腐败案件宽缓处置，如某省检察系统内部有不成文的司法惯例：个人受贿金额5万元人民币以下者，一般都认为是“小案”，绝大多数只是追回赃款，而不再立案查处。[④] “宽严相济”刑事政策的重要目的是提高裁判的社会效果，维护社会和谐的秩序。在贪污贿赂现象严重的情形下，滥用从宽政策，该罚不罚、重罪轻罚，对犯罪的无原则谅解，会引发民众的反感情绪，造成社会关系的紧张，已经违背“宽严相济”刑事政策的基本内涵。

---

① 佚名：“扬州广陵：反贪工作五个百分百”，http://www.whqs.jcy.gov.cn/dt/jxkb/260.html，最后访问时间：2015年10月12日。

② 最高人民法院：“关于贯彻宽严相济刑事政策的若干意见”，http://news.xinhuanet.com/legal/2010-02/10/content_12960937.html，最后访问时间：2015年8月30日。

③ 刘仁文：“宽严相济的刑事政策研究”，《当代法学》2008年第1期。

④ 苏丹丹、段宏庆：“广东东莞海关集体受贿案涉案人员多数被轻判”，《财经》2005年第11期。

3.“厉而不严”立法模式的消极后果

改革开放以来，国家高度重视反腐工作，确立了严厉打击腐败犯罪的立法政策。1979 年通过的第一部刑法典在整体刑罚趋轻的情况下，将贪污罪的最高法定刑设置为死刑，1982 年全国人大常委会《关于严惩严重破坏经济的犯罪的决定》，将受贿罪的法定刑提升至死刑，1997 年刑法对贪污贿赂犯罪刑事责任规定均体现了严罚主义的精神。在刑罚厉度提高的同时，立法者在犯罪构成上却设有“利用职务之便”“为他人谋取利益”等限制性要素，使刑事法网呈现粗疏一面，属典型的“厉而不严”立法模式。贪污贿赂犯罪属贪利型犯罪，犯罪行为人往往精于计算犯罪成本和收益的关系，当刑罚具有不可脱逃性时，有助于降低行为人的心理预期，使其自动遏制和放弃犯罪欲望。正如贝卡利亚所言，“对犯罪最强有力的约束力量不是刑罚的严酷性，而是刑罚的必定性”。① 而“厉而不严”立法模式的入罪条件设置较高，加之预防机制与刑事侦查手段滞后，提高了行为人的脱逃概率，变相激励了犯罪人的犯罪动机，导致刑罚厉度贬值和威慑力下降，造成大案、要案的频繁发生。

4. 诉讼便利性的妥协结果

刑罚威慑性不仅来自刑事法网的严密性，也来自刑事追诉的难易程度。贪污罪和贿赂犯罪均具有隐秘性特征，在诉讼证明难易程度上仍有一定区别：贪污罪属侵占型职务犯罪，侵害对象是公共财物，对公共财物的非法占有客观上总能留下一定痕迹，证据可以独立获得，不需要依赖口供，具有较高的证明力；而贿赂犯罪属交易型犯罪，交易双方各自获利，

①［意］贝卡利亚：《论犯罪与刑罚》，黄风译，中国法制出版社 2005 年版，第 57 页。

存在利益互补关系，行为具有隐秘性，不仅缺乏客观的实物证据，且更多需要依赖口供，若无其他证据验证，难以定案。因此，贿赂犯罪的证明难度高于贪污犯罪。在会计、审计等预防制度健全的情况下，追诉的便利性使贪污犯罪刑法立法能够发挥其规制能力，但贿赂犯罪缺乏这一条件，这是导致贪污罪和贿赂犯罪在立案总量及要案数量上分化的重要原因。在诉讼证明困难，尤其是缺乏特殊侦查手段的情况下，作为获得更大社会效果的一种妥协，司法机关更愿意将有限的资源投入到大案、要案之中，而主动放弃对小额案件的追诉，也形成了所谓“选择性打击”的刑事治理格局。

5. 腐败容忍度的不当扩张

贪污贿赂犯罪的大案率、要案数的上升反映了社会对腐败容忍度的不当扩张。以数额作为贪污贿赂犯罪的成罪标准即表明，立法者认为在一定数额之内的腐败是社会能够接受的。中国社会本身是一个人情社会、熟人社会，日常生活中收受一定数额的财物属正常交往，符合社会的风俗习惯，而腐败治理具有渐进性，“腐败之所以发生，是由于现存的制度有漏洞，不能将制度缺陷所造成的恶果由一个人来承担”，① 因而在特定时期内刑法立法具有一定的腐败容忍度是可以理解的。但是，作为对不法行为最严厉的谴责方式，刑法对腐败行为的长期容忍具有风险性：不仅会使行为人对腐败毫无“无罪感”，造成腐败犯罪的实际发生率提高，还会导致社会对腐败容忍度的恶性扩张，忽视、容忍或原谅中小型腐败将最终使腐败的判断标准变得模糊，最终促成社会腐败文化的形成。

① 熊培云：“反腐：来自透明国际的劝诫”，《南风窗》2004 年第 11 期。

6. 前置预防法的不足

在消极治理模式下，过度依赖于刑事惩治，立法对腐败行为的干预较为滞后，难以在腐败犯罪衍生的早期环节或前端场域有效发现、揭示和控制腐败，大量腐败行为只有从轻微腐败逐步演变为严重腐败才能得到处理，导致后端治理严重超负荷，进而产生了司法“选择性惩治”现象，同时也导致前端预防性立法构建不足，难以实现腐败的根源性治理。

第五章

加快推进中国反腐败立法之战略选择

中国现代化进程中反腐败所面临的困局以及刑法立法运行实证效果考察表明，单一依靠刑法的后端治理难以从根源上遏制腐败。尽管腐败治理是一个包含政治、经济、法律、文化在内的综合性、社会性问题，但具有行为导向和规范功能的立法，始终是反腐治理的首要选择和主要手段，制定法是国家腐败治理最为重要的依据。党的十八大以来，中国腐败治理面临一个转型升级的新时期。需要清醒地认识到，目前已经取得的反腐“战绩”，实际仍是刑事惩治机制在发挥作用，不断冒出的“大老虎”时刻提醒着腐败预防机制的薄弱性。法律是治国之重器，良法是善治之前提。2014 年 10 月，十八届四中全会《中共中央关于全面推进依法治国若干重大问题的决定》（以下简称《决定》）首次正式提出“加快推进反腐败国家立法，完善惩治和预防腐败体系，形成不敢腐、不能腐、不想腐的有效机制，坚决遏制和预防腐败现象”。加快反腐败国家立法并不意味着简单地提升立法速度，而是要以提升立法质量为前提。为此，首先需要从宏观战略角度，明确反腐立法的立法理念、体系与模式，确立更为合理的立法阶段与步骤，以确保立法质量并有效提升国家反腐治理能力。

一、中国反腐败立法理念之修正

立法理念对于立法活动具有直接指导功能，不同的立法治理模式对应于不同的立法理念。在中国反腐新时期，在“不能腐”已经成为国家反腐战略关键步骤的前提下，应当改变消极治理的立法理念，确立以权力运行监督为核心特征的积极治理理念，重点构建针对腐败衍生环节和前端场域构建的立法规制体系，最大限度消除腐败犯罪的机会。

目前中国腐败犯罪治理已经出现了立法治理能力难以提升的瓶颈问题。一方面，在国家严厉打击腐败的政策导向下，党内、党外反腐立法不断增多，群族效应明显；另一方面，腐败犯罪数量不降反而升高，而未被查出的“腐败黑数”可能更高。国家倡导制度反腐的同时，腐败严重程度却不断提升，导致这一悖论现象的主要原因在于腐败治理理念的滞后性，即在国家现代化过程中腐败类型已经发生重大变化的情形下，腐败治理理念仍墨守成规，沿袭传统，坚持消极治理模式，强调事后性、结果性治理而忽视预防性治理。在传统腐败治理中，腐败治理的对象是造成已然危害的“滥权者”，目的是对腐败实施者进行刑事惩治，这种事后性治理对于打击局部或个体腐败具有一定作用，由于腐败治理的重点在于行为惩治，而非致力于根据现代公共权力的运行逻辑进行权力监督与制约体系的构建，故而难以有效应对“环境系统型”腐败。在事后性治理占据主导的前提下，尽管国家也会颁布一些具有腐败预防功能的立法，但由于根本上将腐败治理的希望寄托于惩治性立法之上，预防性立法并非以体系化的权力监控设计为导向，往往会出现条文粗糙、规制漏洞较多、形式化色彩明显等问题，严重降低了立法的预防效果。如 2000 年 1 月 1 日《中华人民共和国招标投标法》明确规定了重点项目强制招投标制度，由于制度缺乏刚性且预防能力不足，招投标法的运行成为中国现代化进程中最具形式意义的公共权力之“秀”，进而导致“交通腐败”成为伴随中国招投标制度的建构与完善而获得成长机会的一种腐败典型。① 此外，在腐败源头未加堵截的前提下，简单地严惩腐败后果，不符合立法的经济性原则。对此，应当及时转变立法理念，确立以根源性治理为目标的积极治理主义理念。

积极治理主义源自英、美等“内生型”现代化国家腐败治理的积极治理模式，是指“以腐败所赖以生存的本原性要素、内生性环境改造为治理重点，降低社会对腐败的容忍限度，增加权力滥用障碍，意在构建提高腐败追究可能与预防机会的机制，以多元化法律体系构建为制度框架，针对腐败犯罪形成更具主动性、进攻性、策略性的治理理念与机制”。② 其核心主旨在于，基于权力的生成与运行过程，围绕权力限制、透明与滥用惩治等积极建构全面、系统的腐败治理体系，实现由“惩治法”向“预惩协同型”立法的转型。所谓积极治理，并非盲目增加反腐的资源投入，而是根据公权分配与运行原理，在实质预防环节构建有效的权力监控体系，重在提质而非增量。在积极治理理念之下，立法规制的重点无疑是预防法，立法应当以腐败所赖以生存的本原性要素、内生性环境改造为重点，构建切

---

① 据不完全统计，从1995年河南交通厅原厅长曾锦城落马以来，至今全国已有16名省级交通运输厅厅长落马，涉及河南、贵州、云南、四川、广东、安徽、江苏、新疆、浙江、江西、山西等11个省份，其中河南省就有4任厅长被查，贵州和山西各有两任，贵州省交通厅原厅长卢万里被判死刑，已于2005年12月被执行死刑。参见佚名：“20年16人落马 交通厅长们前腐后继的背后”，http://news.xinhuanet.com/local/2014-06/17/c_126625812.htm，最后访问时间：2015年8月12日。

② 参见魏昌东：“积极治理主义提升立法规制腐败的能力”，载《社会科学报》2014年10月31日，第A6版。

实有效的腐败前置预防制度，扩张刑事立法的预防功能，真正解决腐败衍生的环境化、生态化难题，实现腐败的根源性治理，重点构建以《政务公开法》《公共问责法》等为代表的“阳光政府”型立法。当然，尽管刑事立法已不再是腐败治理体系的核心内容，但刑法立法也应贯彻积极治理的核心要旨，拓展刑事立法的干预场域，加强刑法对前端犯罪场域的干预，加强源头治理，充分激发刑法立法的预防功能。

二、中国反腐败立法模式之协调

立法模式是关于立法权的归属、界分，立法形式及立法事项等问题所形成的体制结构。立足于立法的开放性、变革性理念，明确国家法和社会法的反腐功能定位和界限划分，建立国家法与政党法的“二元法”模式，是当下中国反腐立法更新的重大战略选择。

基于中国特殊国情及政治权力体系架构，目前已经基本形成了党内、党外两条主线，党内治理依靠党内法规，党外治理依靠国家法。党内法规的概念最早由毛泽东同志在 1938 年党的六届六中全会上提出：“为使党内关系走上正轨，除了上述四项最重要的纪律外，还须制定一种较详细的党内法规，以统一各级领导机关的行动。”[①] 之后历届党的领导人沿用该概念。1990 年《中国共产党党内法规制定程序暂行条例》（已失效）第 2 条首次将党内法规的概念明确化、规范化，即“由中国共产党的中央组织部中央各部门中央军委总政治部以及各省自治区直辖市党委制定的用以规范党组织工作活动和党员行为的党内各类规章制度的总称”。然而，对“党

①《毛泽东选集》第 2 卷，人民出版社 1991 年版，第 528 页。

内法规”提法仍然存在不少质疑，其中最大的争议点在于，政党组织不拥有立法权限，不能成为立法主体，不能将其制定的章程和规定冠以“党内法规”的名号。[①]当然，这里存在一个视角问题。即是从法哲学角度界定“法”，还是从《立法法》角度界定“法”？从《立法法》角度，政党不是适格的立法主体，党内法规当然不能称为“法”。但从法哲学角度，法的一般特征在于“体现着特定的和基本的道德要求”，“法的存在意味着特定种类的人类行为不再是任意的，而是在某种意义上具有强制性”，“法律规制的重要特征在于可预测的后果”，[②]概言之，只要由一定人类共同体制协商认可，具有外部约束力的行为规则，即可称为“法”。就此而言，党内法规完全可以称为“法”。这种法属于社会法，或称为“软法”。社会法，是指由社会公权力主体，如政党、社会团体、行业组织、社会自治组织等制定的调整其内部关系和相应社会公权力运作所涉及的外部关系，规范社会公权力组织、内部机构内部成员行为以及相应社会公权力运作所及外部组织、外部人员行为的规则系统。[③]社会法的特征在于不具有国家强制约束力，包括党内法规、公司企业内部管理规范、社会自治组织内部管理规范等。

国家法和社会法具有不同的定位和功能区分，国家法定位为强制法，其作用在于行为规范与惩治；社会法定位为非强制法，其作用在于集体意志与内部环境的塑造与生成。在消极治理模式中，国家仅重视强制法的制定，忽视社会法的作用，实质是将强制法作为社会控制的工具，立法的功

①参见曾市南：“党内法规提法不妥”，载《中国青年报》2004年1月2日，第3版。

②参见哈特：《法律的概念》，张文显等译，中国大百科全书出版社1996年版，第118页。

③参见姜明安：“论中国共产党党内法规的性质与作用”，《北京大学学报》（哲社版）2012年第3期。

利化存在法的社会适应性弱化的风险。“伴随着现代公共治理模式的崛起，传统的法范式陷入了严重危机之中，与公共治理相适应的回应型法开始取而代之”，[①] 在积极治理模式中，社会法居于重要地位，其“具有良好的社会认同性，降低了新生秩序在为社会内化之前的阻力”，[②] 因此，以社会责任、组织内控为标志的社会法构建已经成为现代国家腐败预防立法的新增长点，甚至还出现了从社会法向国家法转化的趋势。如 2010 年英国《贿赂法》新增“商业组织预防行贿失职罪”，将引发腐败的企业内控不当行为犯罪化，是将社会法内容引入刑事法的一次有益尝试。

就中国反腐立法而言，以市场经济组织、社会自治组织为主体的社会法仍处于萌芽状态，但作为社会法的党内法规已经有了一定程度的发展，构建国家法、党法的“二元法”模式，以党内法规为核心，并带动社会法的整体发展，最终实现国家法与社会法的并行模式，是当下反腐立法模式革新的策略选择。党的十八届四中全会《决定》所提出的全面推进依法治国五大体系的要求，包括：完备的法律规范体系、高效的法治实施体系、严密的法治监督体系、有力的法治的保障体系、完善的党内法规体系。法治中国的五大体系包含了“国家法”与“政党法”两个子系统。在国家法、党法的“二元法”模式设计中，应当明确区分国家法、党内法规的功能差异，建立“国家法”与“政党法”二元体制下对腐败容忍的限度原则和梯度原则，充分发挥执政党队伍建设在推进中国清廉社会构建中的引领作用，“全面从严治党”，“纪法分开”，“去除现行党纪处分条例中与刑法

① 参见罗豪才、宋功德:《软法亦法 公共治理呼唤软法之治》，法律出版社 2009 年版，第 78 页。

② 参见秦前红:“宪政视野下的中国立法模式变迁”，《中国法学》2005 年第 3 期。

等法律重复的内容”,[①]降低党内法规对腐败的容忍标准，构建以“零容忍”为特征的党法预防机制。

三、中国反腐败立法体系之构建

从世界范围看，反腐立法体系主要可以分为两种基本类型：一是集中化；二是分散化。集中化是指国家颁布专门的《反腐败法》，统领其他具有反腐功能的立法，形成以《反腐败法》为核心的反腐立法体系。如俄罗斯、新加坡、韩国、越南、泰国等国均规定了独立的《反腐败法》。当然，需要说明的是，集中化模式下的反腐败立法往往是通过其反腐理念、原则、政策、基本措施的规定，对反腐立法发挥统领或指导作用，也可能会规定某一领域中的具体反腐措施，但不能等同于反腐立法的全部。分散化模式则是指国家未规定专门的反腐败法，而是由不同的立法共同承担反腐败的功能。中国目前即是分散化模式。

集中化与分散化各有优劣。集中化的优势在于立法理念较为明确，能够鲜明地表明立法者的政策立场，引发公众关注；立法层次与体系较为清晰，能够确保立法的系统性、整体性与协调性，充分体现立法合力作用，但缺点在于立法规定难以细致。分散化的优势在于能够针对腐败发生的具体环节与领域进行具体规定，立法修正较为容易，但缺点在于立法数量较多，衔接困难且容易重复，难以产生整体性的社会影响效果。具体采用哪种模式，应当根据本国反腐实际需要而定。基于提升立法治理能力之迫切

① 参见李源：“王岐山陕西调研透露如何修订党纪处分条例三大信号”，http://fanfu.people.com.cn/n/2015/0714/c64371-27299365.html，最后访问时间：2015 年 7 月 14 日。

需求，当下中国反腐立法宜采取集中化方式，即制定一部专门的《反腐败法》，形成以《反腐败法》为核心，其他法律相配合，多层次、综合化的反腐立法体系。

四、中国反腐败立法原则之明确

（一）有效性原则

法的有效性分为法的形式有效性和实质有效性。法的形式有效性是指法的制定主体及其权限、制定程序、颁布和生效的程序等的合法性；法的实质有效性主要是指法的内容的有效性。[①] 法律制定出来以后，并不当然获得实质内容上的有效性，“法律并不永远导致立法者所期望的那些行为。正如人们扣动扳机时，枪却不发火，甚至更糟，就在猎手的眼前爆炸”。[②] 为确保反腐立法的有效性，应当坚持立法的可操作性标准。不具有可操作性的立法仅是一种象征性立法，即一种“规范声明”，规范的目的只是期待国家与大众之间形成一定的合法与不法意识，实质上并不意图影响任何个人行为。以往一些反腐规范存在明显的“口号化”现象，或有行为规范却无制约规范，可操作性较弱，立法仅表明了国家治腐决心而无实质措施，属于典型的象征性立法。法不仅是立法者观念上的概念，而且来自于物质生活，具有客观性，是否符合社会实际发展而为公众所普遍接受，决定了立法能否顺利实施。在立法中还应当避免出现“超前立法”现象。如

① 参见葛洪义主编：《法理学》，中国人民大学出版社 2011 年版，第 152 页。

② 参见［美］安·塞德曼等：《法律秩序与社会改革》，时宜人译，中国政法大学出版社 1992 年版，第 68 页。

在设计公职人员财产申报登记制度时，应当充分考虑到不动产登记、户籍管理机构、金融机构等不同部门的联网协作是否成熟，财产申报登记是否可行等实际问题。

（二）协调性原则

协调性原则，是指基于腐败治理体系的内部和谐对提高反腐整体实力与功效的重要作用，而以保持及加强反腐制度之间的配合的一种立法规则。尽管国家反腐规范数量较多，但较为分散，规范之间的衔接性较多，属于局部化的治理，缺乏整体性和体系性，降低了反腐立法的整体规制能力。对此，应当强调立法的协调性原则：一是协调惩治法与预防法的关系。预防法承担对腐败的根源性治理功能，是整个腐败治理体系的基础，但预防功能的发挥需要以惩治法作为后盾与保障，而惩治法中的定罪和程序机制又具有一体化特征。在制定反腐败立法中应全面惩治与预防各机制之间的价值关系，保持各机制之间关系的稳定与平衡，避免因各机制之间协调关系的断裂而导致立法的表象化与形式化。二是协调具体立法关系。协调新制度之间、新制度与其他制度之间的关系，协调党内规范和国家法的关系，降低制度不协调产生的不当内耗，形成从事前预防到事后处罚、从党内治理到党外治理的严密立法体系。

（三）经济性原则

在经济学中，经济性是资源配置的一种最优状态，即从一个给定的投入中获得最大的产出，或以最小的资源消耗取得同样的效果。加快推进反腐败立法，意味着国家需要增加更多的立法资源投入，但均等的资源投入在腐败治理的各项环节所产生的治理效益并不相同，在资源总量有限的情况下，必须以资源消耗最小或治理收益最大作为反腐制度建设的基本导向。经济性原则对反腐立法的要求主要体现为：一是强调立法的迫切性。腐败预防制度是中国腐败治理体系中最为薄弱的部分，加快推进反腐预防法是重中之重。二是避免立法的重复性。对于有较为明确规定且已经体系化的反腐规范，不应再重复规定或将其纳入新法而破坏原有立法体系。

（四）阶段性原则

阶段性原则是指，根据客观需要，分阶段地逐步构建反腐败立法。立法是一门科学，是一个跨越社会、政治和法律思想的研究计划，其目标在于找出财产、舆论、生活风格和司法等不同社会因素之间的关联并推导出一般性的结论。[①] 在综合考虑立法的有效性、协调性、经济性的基础上，立法应当遵循阶段性原则，有计划、有步骤地推进立法活动。对此，应当制定科学的反腐立法规划，对一定时间内需要完成的反腐立法项目作出统一、具体的部署和安排。

五、中国反腐败立法步骤之选择

（一）反腐败立法规划

中国立法活动是先有规划，后有立法。立法规划是对五年内国家重点审议、初次审议、准备审理以及继续研究的立法草案进行的秩序安排的预测活动。立法规划属于一种准法性质的文件：它具有准法的性质，但又不

① 参见［英］洛克著:《公法与政治理论》，郑戈译，商务印书馆 2002 年版，第 9 页。

是完全意义或典型意义上的法，即"准法"或"半法"。[①]只有被列入立法规划，才有可能被立法机构审议，因此，立法规划是立法的前置活动，具有确定立法可能性的重要意义，实践甚至出现了重规划胜过重立法的现象。

在党的十八届四中全会"加快推进反腐败国家立法"的基本政策指导下，2015年3月第十二届全国人大通过的《全国人大常委会工作报告》明确指明"今年将加强重点领域立法，推进反腐败国家立法"。然而，根据全国人大常委会《2015年立法工作计划》的规定，涉及反腐败立法的数量较少，范围较窄，具体包括：一是继续审议《刑法修正案（九）》（草案），其中部分条款涉及贪贿犯罪；二是初次审议《选举法》《地方组织法》《行政复议法》的修正；三是预备修正《行政监察法》。后四部法属于腐败预防法系列，但修正是否最终涉及反腐败内容，尚不明确。从具体对象上看，上述法律分别涉及腐败犯罪的刑事惩治、公职人员人事关系、行政权的正当行使以及反腐组织关系，均是对既有立法修正，尚未涉及新增立法问题，也未涉及反腐立法中最为急迫解决的核心预防立法。因此，目前反腐立法规划仍然较为保守性。反腐败国家立法是一个综合的系统工程，涉及数十部法律法规。为贯彻国家反腐立法之政策，确保立法的有序性和体系化，建议明确反腐立法评估制度，对反腐立法的必要性、可行性等问题进行前瞻性的事前评估，以确保反腐立法的有效性。在此基础上，确立反腐败国家立法清单制度，将评估后具有反腐败功能的立法悉数列入，全面掌握立法的总体情况，并区分轻重缓急制定更为科学的立法规划，合理地

---

① 参见周旺生:《立法学》(第二版)，法律出版社2009年版，第422页。

利用立法资源，确保立法质量。

（二）立法清单[①]

1.“不敢腐”立法清单

“不敢腐”立法的作用在于通过构建严密的惩治体系，提高腐败成本，加强惩罚的威慑效果。基于这样的基本功能定位，“不敢腐”立法包括：一是腐败后果惩治立法，涉及1997年刑法、《公职人员问责与处罚法》；二是腐败后果追诉性立法，涉及《反腐败法》《犯罪收益追缴法》《举报法》《反洗钱法》；三是反腐败组织法，涉及《反腐败法》《行政监察法》。上述法律中，《反腐败法》《公职人员问责与处罚法》《犯罪收益追缴法》《举报法》是拟新增立法。

2.“不能腐”立法清单

“不能腐”立法的作用在于将公共权力和公共权力人置于阳光之下，使权力运行透明化，消灭腐败机会。基于这样的基本功能定位，“不能腐”立法包括：一是监督公共财政权的立法，涉及《预算法》《审计法》《政府采购法》《招标投标法》等；二是监督公共行政权的立法，涉及《政务公开法》《公共听证法》《各级人民代表大会常务委员会监督法》《行政许可法》《行政程序法》《新闻法》；三是监督公共权力人的立法，涉及《公务员法》《选举法》《公职人员财产申报法》《防止利益冲突法》。上述法律中，《政务公开法》《公共听证法》《行政程序法》《新闻法》《公职人员财产申报法》《防止利益冲突法》为拟新增立法。

① 此立法清单仅针对国家法，不涉及党内法规。

3.“不愿腐”立法清单

“不愿腐”立法的作用在于通过道德教育或必要的经济与社会保障，提高公职人员自觉抵制腐败的能力。基于这样的基本功能定位，“不愿腐”立法包括:《公务员法》《公共职务保障法》《社会公共道德教育法》。其中，《公共职务保障法》《社会公共道德教育法》为拟新增立法。

（三）中国反腐败立法阶段

党的十八大以来，随着反腐惩治力度的加大及大批高官的落马，关于中国反腐将向何处去，成为社会关注的焦点。2013 年年初，中纪委书记王岐山提出反腐应“坚持标本兼治，当前要以治标为主，为治本赢得时间”，更引发公众关于“治标”与“治本”之争议与论断，多数观点较为乐观地坚持“转向论”，认为中国已经或即将进入反腐治本阶段。[①]也有观点提出，未来的标本兼治，绝不意味着反腐从“打虎治标”进入“治本时间”，而应是体现标本兼治理念的可持续反腐，应是强力治标下的有效治本，应是突出治标与深化治本的统一。[②]

中国腐败治理大致可以分为三个阶段：一是治标阶段；二是“强治标—弱治本”阶段；三是“强治本—弱治标”阶段，目前正处于第二阶段。亨廷顿认为:“某一国家处于变革时期的腐败现象比该国在其他时期的腐化现象更为普遍。大致看来，有理由认为，腐败程度与社会和经济迅速

---

① 参见樊大彧:“中国反腐正从治标走向治本“，载《北京青年报》2014 年 7 月 13 日，第 A2 版；戴志勇:“反腐当适时从治标走向治本”，载《南方周末》2014 年 6 月 26 日，第 8 版。

② 参见崔利民:“反腐败的未来路径：强力治标下的有效治本”，http://www.rmlt.com.cn/2014/0911/317821.shtml，最后访问时间：2015 年 4 月 22 日。

现代化有关。”[①] 现代化过程中腐败泛滥的重要原因在于制度缺失。“摸着石头过河”，是中国改革开放及现代化过程的最真实的写照，改革中制度建设的缺失，造成了对权力的制约、控制、偏差评价的滞后，其结果是导致“制度缺失型”腐败在中国的流行。加强制度建设，实现制度反腐，绝大多数是在填补以往的制度空缺，属于清理旧账行为，实质仍是一个“弱治本”的过程。就“填补空白”意义上的制度反腐而言，或许能遏制“制度缺失型”腐败的发生，但对于“环境型、系统性腐败”，则缺乏有效作用，而后者只能在“强治本”阶段才能解决。据此，目前中国反腐处于“强治标—弱治本”阶段。与“治标阶段”仅注重单个腐败打击所不同的是，“强治标—弱治本”阶段以群体化、运动化的方式对腐败进行集中式打击，“用最坚决的态度减少腐败存量，用最果断的措施遏制腐败增量”，目的是通过“换血机制”为治本创造条件和赢得时间。当然，在此阶段，治本也是反腐所重点关注的问题，国家开始加大对治本立法的供给力度，以待条件成熟时，逐步过渡到“强治本—弱治标”阶段。

（四）中国反腐败立法的步骤选择

在“强治标—弱治本”阶段，反腐立法首先应当对治标性立法进行整合与修正，解决其反腐能力不足的问题，加强和巩固“不敢腐”的局面，同时加快颁布治本性立法，尤其是核心预防立法，初步形成“不能腐”的局面。具体立法步骤设计如下：

---

① 参见［美］塞缪尔·P. 亨廷顿著:《变化社会中的政治秩序》，王冠华等译，生活·读书·新知三联书店 1989 年版，第 54 页。

1.“不敢腐”立法之加速完善

加强腐败发现与惩治机能，提高腐败成本，是“不敢腐”立法的主要目的。“不敢腐”对于“不能腐”“不愿腐”的实现具有重要的保障作用。“不敢腐”立法包括两个部分：一是有关腐败后果评价与惩治的立法；二是有关腐败犯罪发现与追诉机制的立法。从功能区分上看，“不敢腐”立法主要为刑事法，但行政法中也会有“不敢腐”的规范，如有关问责、责任制度的规定，这些行政法同时具有“不能腐”和“不敢腐”的属性。在以往“惩治型”立法战略之下，“不能腐”立法得以重点发展，仍存在诸多问题：刑事实体法存在规制范围较窄、规制对象偏差、规制手段有限、规制效果不足等问题；刑事程序法缺乏独立规定，与腐败治理要求不相符合；行政责任法中问责机制缺乏，责任威慑不足。这些问题应当在目前阶段集中加以解决，应在立法清单优先加以选择。

2.“不能腐”立法之逐步构建

加强腐败的源头治理，消除腐败的机会与条件，是“不能腐”立法的主要目的，也是《联合国反腐败公约》的要求。“不能腐”立法关注权力及其运行状况，通过构建以消除腐败机会为目标的预防性立法，真正地“将权力关进笼子”。“不能腐”立法主要包括三方面内容：一是规范公共权力生成的立法；二是监督公共权力分配的立法；三是控制公共权力运行的立法。现代国家“预防型”立法战略决定了“不能腐”立法在反腐立法体系中的主体地位。然而，较之“不敢腐”立法，“不能腐”立法涉及国家政治架构、经济运行、人事制度、社会福利等多个领域，牵扯面广，立法难度更大，因此，宜采取“重点突破”之策略，选择最为重要的核心预防制度首先进行立法。参照外国立法经验和腐败治理的基本原理，“透明政府”“公职人员利益冲突与财产公示”“行政公开与听证”等核心制度应当首先通过立法清单优先加以确定。在此基础上，结合国家权力体制改革的情况，待条件成熟时，再通过立法进一步完善立法权、法院司法权、审计权等对于公共权力分配与运行的监督机制。在党内法规层面，区分党内法与国家法的不同功能，与国家法立法修正同步，及时通过制定、整合党内法规，扩大党内法的腐败范畴，延伸腐败预防战线，提前预防阶段，充分发挥党纪在提前预防和腐败预警方面的积极功能。

3.“不愿腐”立法之择机构建

通过保障公职人员的合理权益，提升公职人员的职业道德素养，加强对公职人员行为的正向激励，使其自觉、自愿、自律地抵制腐败，是“不愿腐”立法的具体体现。“不愿腐”立法既是“不能腐”“不敢腐”立法的自然递进和高级阶段，也是前两项立法的必要补充和软性支撑。腐败治理的最终目标不在于惩治腐败的数量多少，而在于是否能够形成清廉的社会风气。这一目标的形成，既需要“不能腐”“不敢腐”立法对腐败展开严密防控和有效惩治，也需要立法发挥“不愿腐”功能，激发公职人员对腐败进行自发性抵制。“不愿腐”立法主要包括两个方面：一是对公职人员激励性的预防制度；二是对公职人员的廉洁教育制度。就目前来看，党内法规已经完全承担了廉洁教育的功能，国家法立法的重点是激励预防制度。其中，《公务法》已就晋升等问题进行了规定，尚未明确的主要是经济激励与保障制度。中国有自己的特殊国情，公务员有福利分房、高额公积金、医疗保险、退休金、子女教育保障等系列特殊待遇，已经超过了普通人，如何构建有效激励预防制度，仍需深入思考。此外，伦理性的道德规范转化为立法是否能产生应有效果，仍值得怀疑。就此而言，就当下中国反腐败而言，“不愿腐”立法的迫切性不及“不能腐”“不敢腐”立法，等待时机成熟之后再考虑制定相关立法。

综上，在积极治理主义之下，中国目前正处于腐败治理的“强治标—弱治本”阶段。倡导以预防为导向的积极治理理念，确立“国家法”与“党内法规”的“二元法”反腐体系，发挥不同立法体系的治理功能，加快完善“不敢腐”立法，择优完善“不能腐”立法，择机完善“不愿腐”立法，制定科学的立法步骤和规划，形成以《反腐败法》为核心，以《财产申报法》《防止利益冲突法》等核心预防法为支撑，以刑事法为保障，其他法律相配合，多层次、综合化的反腐立法体系，是加快推进中国反腐败立法的重要战略方向与路径选择。

第六章

加快推进中国反腐败立法之实施方案

在确定中国反腐败立法宏观战略的基础上，将具有不同反腐功能的立法在总体上做出“不能腐”“不敢腐”与“不愿腐”的类型划分，具体设计出三类不同腐败治理功能的立法体系，根据立法的基本原则，明确不同法律之间的功能界分与重点立法选择，根据反腐败立法阶段、步骤，提出具体的立法改革完善方案。需要说明的是，作为反腐立法体系的基本法，《反腐败法》同时兼具了预防法和惩治法的特征，且具有制定的迫切性，不宜纳入上述任何一个体系之中，应当独立加以规定；而“不愿腐”更多依赖于个体的道德水准与人生价值追求，且属于是科学的“不能腐”“不敢腐”立法之后的自然延伸结果，并非是当下反腐立法的重点内容。据此，本章加快推进中国反腐败立法实施方案仅围绕《反腐败法》、“不敢腐”和“不能腐”三个方面展开。

一、作为基本法的《反腐败法》

（一）制定《反腐败法》之必要性

制度是一种公共的规范体系，“这一体系确定职务和地位及它们的权利、义务、权力、豁免等。这些规范指定某些行为类型是可允许的，另一些则为被禁止的，并在违反出现时，给出某些惩罚和保护措施”。① 制度反腐是党领导我国反腐斗争的基本经验，只有通过制度治理腐败，反腐规范体系及其成效才能保持根本性、全局性、稳定性、长期性。邓小平曾经指出，廉政建设要作为大事来抓，“还是要靠法制、搞法制靠得住些”。② 党的十八大以后，习近平总书记将这种认识上升到空前高度，明确提出“要善于用法治思维和法治方式反对腐败”“将权力关进制度的笼子”，因而“加快推进反腐败国家立法”成为反腐斗争的第一要务。

法律是治国之重器，良法是善治之前提，“制度好可以使坏人无法任意横行，制度不好可以使好人无法充分做好事，甚至会走向反面”。③ 制度反腐、法治反腐的基础是有法可依且有良法可依，管住权力的前提是存在“制度的笼子”且不是“牛栏关猫”④ 式的笼子。这就需要避免反腐制度缺位、反腐制度虚置、反腐制度冲突等一系列立法设计上的弊端，从而在惩治腐败、预防腐败以及反腐败国际合作上保持长效、高效和实效，制定

---

① 参见［美］罗尔斯：《正义论》，何怀宏、何包钢、廖申白译，中国社会科学出版社2009年版，第42页。

②《邓小平文选》第3卷，人民出版社1993年版，第379页。

③《邓小平文选》第3卷，人民出版社1994年版，第333页。

④“牛栏关猫”比喻一种粗放型的反腐制度，习近平总书记在河北调研指导群众路线教育实践活动时指出：“建章立制非常重要，要把笼子扎紧一点，牛栏关猫是关不住的，空隙太大，猫可以来去自由。”

《反腐败法》的必要性也正在于此。具体体现为：一是合理组织对腐败犯罪的国家反应之必要。根据“二元化”的反腐立法体系构建之要求，协调国家法、党内法规对腐败的反应范围、边界和力度，建立梯阶化的反腐立法体系。二是协调反腐立法体系构建之必要。系统整理、清理各种具体反腐败文件，形成科学的基本法统领规范，对具体法的制定提出明确要求，促进具体反腐立法的及时制定。三是促进国际反腐合作之必要。通过《反腐败法》，确立国家反腐合作的法治基础，并宣示中国履行国际公约的决心以及致力于全球反腐败的国际责任，赢得国际信任，更加顺利地进行双边、多边合作，获得更大的话语权。

综上所述，制定一部《反腐败法》是“制度反腐”的现实要求，对形成系统完备的中国反腐败法律体系具有基础性意义。《反腐败法》有助于确立“于法周延、于事有效”（习近平语）的反腐败立法原则，将制度反腐、法治反腐推向新的高度，进一步摆脱一直以来反腐行动只能依据零散规范文件、依靠刑法中个别条文而无法形成不能腐、不易腐的长效预防体系之困境，有助于实现法治反腐的目的。早在1999年的九届全国人大二次会议上，时任上海社科院院长的全国人大代表张仲礼就提出了法制反腐观点，提交了《建议制定国家“反腐败法”的议案》，这份议案被确定为九届全国人大二次会议的“一号议案”。2002年、2005年、2010年、2012年，都有代表提出了反腐立法方面的建议和议案。党的十八大之后，反腐立法更是被列入了全国人大的工作计划之中，及时制定《反腐败法》已经具备了成熟条件。

（二）《反腐败法》的立法定位

《反腐败法》是宪法之下的统领整个反腐败立法的基本法，具有顶层设计的功能。顶层设计是一个工程学概念，它的本意是指从高端开始的总体构想，即从最高层次上寻求问题的解决之道。顶层设计强调顶层的决定性和整体的关联性，是顶层决定底层、底层支撑顶层，任何一个工程的顺利建成都需要顶层设计先行，唯此系统内部要素之间才能围绕顶层的核心理念和预期目标协调推进。正因如此，顶层设计在建筑学、管理学、经济学、艺术学等领域被普遍使用。我国《国民经济和社会发展第十二个五年规划纲要》指出“必须以更大决心和勇气全面推进各领域改革。更加重视改革顶层设计和总体规划，明确改革优先顺序和重点任务”，此后“顶层设计”成为政治新名词，也在法学领域得到推广。虽然官方使用“顶层设计”一词是基于国家经济和社会发展改革的宏大背景，是一种相当高远的总体战略部署，但这并不意味着“顶层设计”是空泛的、玄而又玄的；恰恰相反，顶层设计的重要特征是具有可操作性，它不只提供一个方向，还要提供行动方案，因为工程总是要落成的而不是只停留在蓝图层面给人观赏。如果一个计划是不可具体落实的、让人难以捉摸的，那么它就没有资格成为“顶层设计”。“反腐工程是社会工程学的一个分支”，[①] 它需要系统的反腐策略，这个系统当然需要顶层设计，通过顶层设计协调各反腐立法及制度的运行关系，确保反腐立法的制度化、科学化和有效化。关于《反腐败法》的顶层设计功能，仍有三个问题需要进一步解答和澄清。

① [俄] 萨塔罗夫主编:《反腐败政策》，郭家申译，社会科学文献出版社 2011 年版，第 192 页。

1.《反腐败法》是否属于综合性的反腐败统一法典

有观点认为，可以分情况分别立法，然后将所有规范统合起来汇集成一部统一的融腐败犯罪惩治法、腐败犯罪预防法、腐败犯罪国际合作在内的《反腐败法》。然而，其缺陷在于立法工作量大、技术难度高、成本高昂、难以实现其与中国现代立法趋势在观念和立法模式上的和谐统一。① 反腐败法律涉及党内规范、行政、刑事及实体、程序立法的各个方面，制成一部诸法合体的反腐败统一法典并不现实，也无前例，且其路径是由分到合，不存在“顶层设计”问题，容易导致规范运行障碍，提倡这种模式的《反腐败法》并无太大意义。

2. 既然仍需制定反腐败具体法，《反腐败法》是否多余

《反腐败法》对腐败的含义、反腐败的原则等共性问题作出统一规定，有利于反腐败行动的统一性。通过《反腐败法》的顶层设计，可以将有利于反腐的政策主张升级为稳定的法律原则，更好地指导反腐败行动，实现法治反腐。因此，《反腐败法》不是具体单行法的附赘性立法，而是统领性立法。

3. 在相当多的具体法尚付阙如的情况下，《反腐败法》顶层设计是否沦为纸上谈兵

现代腐败衍生与国家现代化过程中权力监控缺位或不当有直接关系，在与腐败的长达数百年的斗争过程中，先现代化国家已经积累丰富的制度反腐经验，这些反腐经验基于现代化过程中腐败衍生原理的共通性而可以被后现代化国家所直接借鉴。如财产申报登记制度是腐败预防的必要措施

---

① 参见孙国祥、魏昌东:《反腐败国际公约与贪污贿赂犯罪立法研究》，法律出版社 2011 年版，第 559 页。

已经成为一种共识，正如，新加坡前总理李光耀在推行铁腕反腐制度时曾说："一个国家如果没有建立公务员财产公示制度，这个国家的反腐败就只能是镜中花、水中月。"[①] 因此，作为顶层设计的基本法，《反腐败法》应当借鉴国际反腐的普遍经验，针对中国反腐总体框架而作出一些超前性的立法设计，在具体反腐败制度尚未出台的情况下，《反腐败法》可以优先确定一些必须制度的总体原则和框架。此外，《反腐败法》所起的另一个重要作用就是，通过顶层法律设置和强制性规定，为具体反腐立法的制定施加压力，促使具体反腐立法的及时出台，将没有法律效力的反腐策略、计划或实践方式，及时转化为立法，确保反腐的法治化。

（三）《反腐败法》的立法模式

1.《反腐败法》立法模式的域外考察

从世界范围看，《反腐败法》主要可以分为三种模式：（1）刑事模式。该模式又可以进一步区分为两种子模式。一种是"三体合一"模式，集刑事实体法、诉讼程序法、组织法于一体。新加坡《1960 年预防腐败法》（*Prevention of Corruption Act*）由序言、职员任命、腐败行为认定、拘捕和调查的权力，证据及其他约定六大部分，37 条细则组成，内容主要涉及反腐组织和反腐刑事程序。[②] 马来西亚、赞比亚、坦桑尼亚及肯尼亚等国的《反腐败法》也采用了相同模式。[③] 另一种是"二体合一"模式。《反腐败

① 参见何家弘："反腐败的战略重心与官员财产公示"，《法学》2014 年第 10 期。

② 参见陈永杰："新加坡的制度反腐策略及启示"，载《第六届珞珈国是论坛论文集》，武汉大学政治与公共管理学院会议论文 2012 年 11 月，第 83 页。

③ 中纪委法规室、监察部法规司：《国外防治腐败与公职人员财产申报法律选编》，中国方正出版社 2012 年版，第 39 页、第 128 页、第 137 页、第 204 页。

法》由刑事实体法和程序法组成，不包括组织法。如印度《1988年防止腐败法》共5章31条，对腐败案件的侦查、起诉、审判和定罪量刑、适用范围作了详细规定。[①]（2）预防模式。该模式主要围绕腐败预防机制进行立法构建，不涉及刑事惩治。如2008年《俄罗斯反腐败法》突出强调腐败预防，将腐败预防优先作为反腐战略，内容主要涉及反腐预防组织、财产申报、利益冲突、国际合作等；[②]2012年《越南反腐败法》主要规定了国家公权的公开制度、财产申报制度、财产查明制度、媒体监督制度等腐败预防性机制。[③]哈萨克斯坦1998年《反腐败法》规定了对国家公职人员的财务监督措施、回避制度、为腐败创造条件的行为及其责任等[④]；韩国2001年《腐败防止法》规定了腐败预防组织、对腐败行为的举报及举报人保护、请求国民监察等内容。[⑤]（3）综合模式。该模式集预防和惩治为一体，如《格鲁吉亚利益冲突与腐败法》《伯利兹防止公共生活中的贪污法》《乌拉圭反腐败法》，等等。[⑥]

2.《反腐败法》立法模式的国内争议

国内学者对于《反腐败法》的立法模式，也有较大争议，具体可以概括为四种观点。第一种观点以刑事惩治为中心，认为《反腐败法》应是针

① 参见余忠剑："印度反腐败机制及其效果"，《廉政文化研究》2013年第1期。

② 参见李景华："俄罗斯联邦反腐败法"，《人民检察》2010年第2期；"俄罗斯反腐败法"，杜永明译，《环球法律评论》2010年第2期。

③ 参见米良："越南《反贪污腐败法》述评"，《云南大学学报》（法学版）2013年第2期。

④ 参见于洪君："哈萨克斯坦《反腐败法》"，《外国法译评》1999年第1期。

⑤ 参见韩相敦："韩国反腐败法评述"，《环球法律评论》2013年第2期。

⑥ 参见中纪委法规室、监察部法规司：《国外防治腐败与公职人员财产申报法律选编》，中国方正出版社2012年版，第225页、第314页、第332页。

对反腐败刑事实体法、程序法和组织法进行统一规定的立法。① 第二种观点以预防为中心，认为《反腐败法》最重要内容包括公务人员接受礼品范围及其最高限额的规定、公务人员利益冲突的规定、公务人员财产申报制度的规定、反腐败组织机关的规定，等等。② 第三种观点以预防和惩治并重为基础，认为《反腐败法》应当是规范国家工作人员廉洁履行公职、预防和惩治腐败行为的专门的基本法律。③ 第四种观点认为，应当区分预防和惩治，分别制定各自的反腐败法:《反腐败预防法》包括预防的基本原则、预防机构、公共部门及其公职人员的行为守则、公共财政管理制度等;《反腐败惩治法》包括腐败犯罪的实体规定、程序规定、国际合作三部分内容。④

3.《反腐败法》立法模式的选择

立法模式的选择必须充分考虑到立法的基本定位，严格遵守立法的体系化、协调性原则，适当考虑立法的国际化。首先,《反腐败法》作为国家腐败治理的基本法，应当集中体现出国家腐败治理的基本理念、原则、政策和框架性制度等顶层设计，以此方能集中统领、指导更为具体的立法。就此而言，单一的刑事法模式并不可取。其次,《反腐败法》还应考虑立法的体系化、协调性原则，不宜盲目破坏既有稳定的其他立法。因此，对于腐败治理的刑事实体法，没有必要打乱刑法典的稳定性和体系性，仍应保留在刑法典中。但是，对于预防制度、组织制度和程序规定，

① 参见杨鸿台:“国家反腐败法的立法构想”,《法学》1998 年第 9 期。

② 参见林喆:“我们该有一部怎样的《反腐败法》?”,《廉政瞭望》2011 年第 3 期。

③ 参见李利君:“反腐倡廉呼唤《反腐败法》”,《群言》2012 年第 4 期。

④ 参见孙国祥、魏昌东:《反腐败国际公约与贪污贿赂犯罪立法研究》，法律出版社 2011 年版，第 571 页。

由于目前缺乏系统性的专门规定或现有规定与实践产生了一定冲突，有必要在《反腐败法》中加以明确。最后，立法模式还应适当考虑到反腐立法的国际化问题。中国已经加入了《联合国反腐败公约》（以下简称《公约》)。《公约》要求各缔约国在腐败预防、惩治、追诉和国际合作方面构建系统性的反腐立法，对此，应当在《反腐败法》立法模式的选择上所有考虑。

据此，本书认为，作为反腐败法律的基本法，《反腐败法》宜采取综合模式，包括：腐败预防制度、反腐组织、追诉机制和国际合作规则。刑事实体法仍保留在刑法典中，仅从立法技术上规定衔接性条款予以确认。

（四）《反腐败法》的立法内容

在核心内容上，《反腐败法》应当包括：（1）腐败的界定。通过腐败的内涵与外延界定，明确法律适用的范围。（2）反腐基本原则。法律原则是法的基本要素，“在法的创制过程中，法律原则概括并体现着法律制度的基本性质、内容和价值取向，是整个法律制度的指导思想和核心”。[①] 反腐基本原则体现了整个国家反腐败立法的指导思想和根本出发点，决定着反腐败以及反腐败具体法的统一性。（3）反腐败组织机构及其分工。反腐败组织的高效运行，是腐败有效治理的重要保障，域外反腐败立法多对反腐机构的法律地位、权限大小等问题进行了具体规定。《公约》第6条也规定，“各缔约国均应当根据本国法律制度的基本原则，确保设有一个或酌情设有多个机构……赋予本条第一款所述机构必要的独立性，使其能够有效地

---

①朱景文主编:《法理学》，中国人民大学出版社2010年版，第244页。

履行职能和免受任何不正当的影响”。中国反腐败组织类型众多，既有行政体系内的监察机构，也有党内的纪委组织；既有腐败惩治机构，也有腐败预防机构。如何理顺各结构组织之间的关系，实现腐败治理的协调、分工、配合，是《反腐败法》的重要任务。（4）预防腐败的基本措施。明确预防腐败的主体、责任和工作内容，使预防制度具有一定的可操作性，同时对利益冲突和财产公示登记制度进行概括性规定，以便为今后制定《防止利益冲突法》和《公职人员财产申报登记法》留下接口。（5）反腐败的程序措施。就反腐败所涉及的特殊侦查、审判、执行程序进行规定。（6）腐败资产追回。（7）反腐败的国际合作。就加强与域外国家或地区的国际反腐合作进行纲领性、指引性的规定。

作为反腐基本法，《反腐败法》本着“宜粗不宜细”和“区分化处理”的立法策略，总体设计具有导向性、指引性、顶层化的特征，但也不排除部分条款具有具体化、可操作性的特征，与其他立法发生冲突时，应当按照“后法优于前法”或“特别法优于一般法”的规则加以处理。[具体条文参见附录:《中华人民共和国反腐败法（专家建议稿）》]

二、“不敢腐”立法之加快完善

“不敢腐”立法，即腐败惩治法，包括刑事惩治和行政惩治法，具体规定在1997年刑法、《行政机关公务员处分条例》等法律规范之中。在党的十八大以来“高压反腐”政策的影响下，“不敢腐”立法产生了一定的积极效果，但其存在的问题仍然不容忽视。中国目前仍处于“强治标—弱治本阶段”，完善“不敢腐”立法，加强立法的治理能力，是当下反腐败立法亟待解决的问题。当然，在积极治理主义之下，“不能腐”立法无疑是反腐立法建设的重点对象，“不敢腐”立法不是腐败治理立法体系的核心内容，但是，激发“不敢腐”立法的预防功能，也是积极治理主义的应有之义。

（一）刑法立法的修正完善

1. 消极治理主义下腐败治理刑法立法之特征

如前文所述，中国腐败治理属于消极治理模式，其核心理念可归纳为消极治理主义。即治理重点在腐败衍生的后端场域，重视事后性、结果性惩治的立罪模式，导致以贿赂犯罪为代表的刑法立法在实践运用中出现以下特征：

（1）选择性的可罚性立场。在惩治范围上，消极治理主义严厉打击严重腐败，容忍轻微腐败，形成了选择性的犯罪可罚性立场。欧陆刑法中“可罚的违法性理论”认为，“虽然（行为）确实产生了法益侵害结果，但若非具有处罚价值（要罚性），则作为尚未达到必须处罚的程度的违法性，而认为其不可罚”。[①] 可罚性标准包括立法定罪与立法定量两个方面，可罚性标准越高，定罪或定量的构成表述越多，罪名规制范围越小，立法对腐败的包容程度越高；反之，可罚性标准越低，定罪或定量的构成表述越少，罪名规制范围越大，立法对腐败的包容程度越低。在消极治理主义之下，立法在行为定性评价中规定了较多的定性因素。如受贿罪规定了“利用职务上便利”“为他人谋取利益”“数额”等定性要素。

（2）单一性的行为立场。消极治理主义坚持传统个体行为理论，贿赂

---

①［日］西田典之：《日本刑法总论》，刘明祥、王昭武译，中国人民大学出版社 2007 年版，第 155 页。

犯罪被限定为以作为方式实施的行为。大陆法系国家刑法对危害行为有作为与不作为的类型划分。前者指行为人实施了法所禁止实施的行为，是犯罪的基本模式；后者指行为人没有实施法所期待的行为，作为犯罪的特殊模式。通常而言，仅对国家法益、公共法益以及重大人身法益才设置（纯正）不作为犯的规定，以期在对重大法益进行刑法保护的同时，不过分干预公民的权利自由。20 世纪 90 年代之前“世界各国的现行刑法都是以作为犯的基本形态为标准而制定的”。[①] 基于对传统刑法原理的遵守和贿赂交易性特征的坚持，消极治理主义仅评价与权力交易直接相关的非法利益收受、承诺收受等“作为”，而排除了交易行为之外可能影响贿赂实施的“不作为”。即在消极治理主义之下，作为是贿赂犯罪唯一的行为类型。

（3）“非对称型”的刑事治理立场。消极治理主义认为，无论是贿赂双方积极达成的交易，还是在某种程度上存在受贿者与行贿者之间结构不平衡的交易，只要贿赂行为现实地发生，公权力的不可收买性即已受到严重的侵害，权力的廉洁性才是贿赂行为最直接的受损对象，而导致公权廉洁性受到侵害的原因在于权力支配者（受贿者）本身，由此，形成了以权力支配者为重点的犯罪治理结构，受贿行为是刑法重点打击对象。如作为对向犯的受贿罪与行贿罪在犯罪构成要素及刑罚配置上处于“非对称状态”，行贿罪的入罪标准更为严格，且其刑罚配置远轻于受贿罪，前者法定最高刑是无期徒刑，后者是死刑；而在追诉机制上，立法更是重点打击受贿者，对行贿者设置“特别自首制度”作为专属的特殊出罪规定。

---

① 黎宏、大谷实：“论保证人说（下）”，《法学评论》1994 年第 4 期。

（4）无差别的身份立场。在法定情节设置上采用不区分公职人员职务高低的“无差别主义”，是消极治理主义的又一基本立场。基于传统的职务犯罪身份观念，消极治理主义将贿赂犯罪定位为真正的身份犯，不考虑在公职人员体系内的身份差异对刑事责任大小的影响。消极治理主义强调，无论是高级公职人员、还是低级公职人员，无论是与法律公正性关系更为紧密的司法公职人员，还是普通公职人员，其贿赂行为均侵害到公职行为的廉洁性，没有必要在立法上再进行更为详细的区分。

（5）重刑化的刑罚立场。强调重刑威慑，是消极治理主义的另一基本立场。由于在犯罪构成上设置了较高标准，刑法规制范围较窄，选择以惩治之“严”取代规制之“严”，通过提高刑罚力度增强刑法威慑力，成为消极治理主义的重要选择。消极治理主义认为，自由刑甚至生命刑具有最为严厉的威慑效果，因而将其作为刑事责任实现的主要途径。中国刑法典中贪污罪、受贿罪的法定最高刑均为死刑。

2. 积极治理主义下腐败治理刑法立法之特征

消极治理主义源自人类最早与腐败斗争的实践，其实质在于对腐败后果的事后惩治，刑法立法因“法据恶生”而存在被动性与事后性。然而，腐败犯罪产生的根源既存在于“人性本恶”的前提推断，也可归结于社会制度免疫能力的不足，将腐败治理纳入社会公共治理系统，以对腐败行为的预防与控制为目标，建构完备的腐败预防体系，是现代腐败积极治理模式的核心所在。积极治理模式之下的腐败犯罪刑法治理理念可概括为“积极治理主义”。即以预防性治理为主导，根据权力的生成与运行规律，积极向腐败犯罪滋生的前端场域扩张，构建腐败源头的刑事治理体系，提高腐败刑事治理的整体效果。积极治理主义萌芽于20世纪20年代的英国而流行于90年代的欧美，成为主导腐败治理产生明显成效国家刑法立法发展的基本理念。在积极治理主义之下，以贿赂犯罪为代表的刑法立法具有以下特征：

（1）事前型的犯罪化立场。基于预防性治理的理念导向，积极治理主义拓展了贿赂犯罪的社会危害性根据，将刑法规制范围从事后转向事前，倡导建立“利益冲突型”的刑事规范。美国1909年《刑法法典化、校订与修正法案》（*An act to codify, revise and amend the penal law of the United States*）第一次对贿赂犯罪进行大规模的成文法编撰时，即在第109条规定了利益冲突的刑事责任，1962年结合相关行政立法规定进一步整合形成了第18主题第11章“贿赂、贪污与利益冲突”的基本内容。在利益冲突原则之影响下，贿赂犯罪刑法立法进一步扩张：一是扩大了贿赂犯罪的犯罪主体范围。利益冲突原则的基础在于“委托—代理”关系，突破了公职人员身份限制，将诸如“政府顾问这些临时性的政府雇员包括进来”；[1]同时，利益冲突原则强调个人利益与公共利益的冲突，无论这种冲突发生在公职履行之前或之后，继而形成了防止公共权力的递延化和期权化之理念，从而将贿赂犯罪的主体扩展至包括了有公职人员资格之前或之后的情形。[2]二是构建了“利益冲突型”贿赂犯罪规范。禁止利益冲突的行为特征在于，公共雇员不应当有任何可能造成利用官职来谋取私利的表现，因而无须存

---

① 1962年司法委员会通过了HR.8140号法案，第7页。

② 参见1962年U.S.Code第18主题第11章第201条第1款：“公共官员”是包括国会成员、居住地代表，包括具有资格之前或之后的情形；为美国政府或部门或代理人或政府分支机构的利益，经过这些部门、代理人或政府分支机构的授权或授权之下，实施政府功能的官员或雇员或普通人。

在对价交易关系。[①]据此，在贿赂犯罪之外，美国在1962年系统规定了“利益冲突型”贿赂犯罪，将公职人员在申请、决定、合同、争议、控告等任何程序中涉及部分、直接或实质与美国利益有关的事项时，直接或间接地（同意）接受或索取报酬的行为犯罪化。[②]该罪与贿赂犯罪相比，无须特定的交易性犯罪目的，只要具有违反利益冲突的行为即可。此外，美国法典第18主题第11章第205条“与美国政府有关诉讼中的利益冲突”、第208条“影响个人经济利益的行为”、第209条“政府官员和雇员的资薪支付”等也均属于典型的“利益冲突型”贿赂犯罪规范，即在符合利益冲突的前提下，任何收受费用、股份、工资、捐赠、薪水补充或其他利益的行为都属于犯罪，由此将“在事件发生之前阻止罪恶发生，针对潜在的损害”[③]的禁止利益冲突原则延伸至刑事领域，创新了贿赂犯罪治理原理，在世界反腐刑事治理领域内确立了事前型的犯罪化立场。

（2）“二元化”的行为类型立场。确立以作为为主、不作为为辅的“二元化”行为类型模式，是积极治理主义下贿赂犯罪原理的重要创新。传统贿赂犯罪属于单一的作为型犯罪，这种模式足以打击“独狼式”的贿赂犯

① 美国普通贿赂犯罪要求具有钱权交易的目的，并要求行为有“腐败性”特征。例如，受贿罪：直接或间接地，腐败性地给予、提供或承诺任何有价之物给公共官员或已经被选为公共官员的；或向任何公共官员或已经被选为公共官员提出或承诺给予第三人或实体任何有价之物，具有以下目的：（1）意图影响任何官方行为；（2）意图影响官员或已经被选为公共官员的人实施或帮助实施，或共谋实施任何针对美国政府的欺诈；（3）意图引诱上述官员或已经被选为公共官员的人员实施或不实施任何违反其法律职责。行贿罪：作为公共官员或已经被选为公共官员的人员，直接或间接地，为自己或第三人腐败性地要求、索要、接受或同意接受任何有价值之物，作以下交换：（1）使其官方行为受到影响；（2）实施、帮助实施、共谋实施或允许实施任何针对美国政府的欺诈或制造欺诈机会；（3）被引诱实施或不实施任何违反其职责的行为。参见1962年U.S.Code第18主题第11章第201条第2款、第3款；

② 参见1962年U.S.Code第18主题第11章第203条。

③ Robert N. Roberts, White House Ethics, the History of the Policies of Conflict of Interest Regulation, p.17.

罪，但是，随着腐败程度的加剧，以“利益共同体”为基础，出现了群体腐败、族群腐败，腐败呈现“生态化”“环境化”现象。对此，传统贿赂犯罪的行为模式则缺乏规制能力。为解决这一困境，积极治理主义根据事前预防的犯罪化原理和体系化治理的基本立场，引入保证人责任原理，将公职人员定位为维护权力廉洁运行的保证人，施加以监督体制内腐败的积极义务，进而突破了传统贿赂犯罪立法的作为犯模式，增加了不作为型的贿赂犯罪。匈牙利刑法典在此方面进行了初步尝试。2001 年匈牙利 CXXI 法案第 255 条 B 款新增规定：“任何公务员通过可靠的来源知悉某一尚未被发现的贿赂行为（第 250 条至第 255 条），但未及时向有权机关报告的，构成轻罪，处 2 年以监禁、公益劳动或者罚金。”①2012 年匈牙利新刑法典第 297 条知贿不报罪（misprision of bribery）规定：“公务人员应当知晓未被发觉的贿赂行为，却没有立刻向权力机关报告的，构成重罪，判处 3 年以下有期徒刑。”匈牙利刑法明确将公职人员举报贿赂犯罪设定为其法定义务，确立了公职人员对环境系统内的公职廉洁性的保证责任，创新了传统贿赂犯罪的行为理论，体现出明显的刑法预防性治理之理念。

（3）“零容忍”的可罚性立场。积极治理主义认为，刑法对轻微腐败行为的长期容忍具有风险性，不仅会使行为人对腐败毫无“无罪感”，造成腐败犯罪的实际发生率提高，还会导致社会对腐败容忍度的恶性扩张，忽视、容忍或原谅中小型腐败将使判断腐败的标准变得模糊，最终导致社

① 2001. évi CXXI. Törvény. 为有效限制刑法的不当适用，匈牙利刑法在同一条第 2 款规定：“对贿赂犯罪行为的近亲属，不应根据第 1 款的规定追究刑事责任。”

会腐败文化的泛化，因此，作为对不法行为最为严厉的谴责方式，刑法应当立足于“无差别”的可罚性立场，确立“零容忍”的刑事可罚标准，严密刑事法网，将犯罪控制在初级阶段，以避免更为严重的腐败升级。以《联合国反腐败公约》《关于打击国际商业交易中行贿外国公职人员行为的公约》为代表的一系列国际条约都积极倡导贿赂治理的“零容忍”政策，而欧美等国更是坚决在刑事立法中贯彻“零容忍”政策，具体体现为:（a）犯罪构成中无数额要求，即使是数额极低的贿赂也会构成犯罪。（b）贿赂犯罪以非法利益为标准，包括性贿赂这些灰色领域在内的非法利益，犯罪对象最为广泛。（c）贿赂犯罪构成要件无冗余要件要素，只要因职务关系或实施职务行为等而索取接受或者约定利益即属犯罪，就应受到刑罚制裁。（d）删除了特定情形下的主观要素，规定了贿赂犯罪的严格责任。如2010年英国《贿赂法》（*Bribery Act*）将普通受贿罪划分为四种类型：一是行为人索取、同意收受或实际收受经济或其他利益，意图由本人或他人不正当履行相关职责或行为；二是行为人只要有索取、同意收受或实际收受经济或其他利益的行为，即构成不正当履行相关职责或行为；三是行为人索取、同意收受或实际收受经济或其他利益，作为不正当履行相关职责或行为的酬谢；四是出于对索取、同意收受或实际收受经济或其他利益的预期或后果，行为人本人或其要求、同意或默许第三人不正当履行相关职责或行为。[①] 上述情况的区别在于第一种情形下需要证明行为人对不正当行为的“明知”或“确信”，而后三种情况采取严格责任，无须证明主观意图。《澳大利亚联邦刑法典》在贿赂犯罪之下又设立提供腐败利益与收受腐败

---

① Bribery Act 2010, sec.2(2) .

利益等罪名（第142.1条），对不能证明犯罪人的主观意图但可以认定其行为对公职人员履行职责产生影响的犯罪行为进行处罚。①

（4）"对称型"的刑事处遇立场。犯罪源头治理角度出发，加强对行贿行为的打击，消除行贿与受贿刑事治理结构的差异性，形成贿赂犯罪"对称型"治理，是积极治理主义的又一重要立场。美国、德国、意大利、西班牙等国在国内立法中采取行贿与受贿同罚制度，这一模式也为《欧洲委员会反腐败公约》和《联合国反腐败公约》等国际反腐公约所积极倡导。②德国在区分受贿罪（第331条）和加重处罚的索贿罪（第332条）的同时，将行贿犯罪区分为"为公务员提供利益的"行贿罪（第333条）以及加重处罚的导致公务人员违反公职的行贿罪（第334条），③从而在贿赂犯罪加重行为犯上也建立起了对称治理模式。此外，积极治理主义还倡导在追诉机制上应贯彻对称治理模式。虽然并非所有贿赂关系均呈现出对向状态，但在多数情况下，受贿者和行贿者之间存在着一种近似于要约与承诺的"契约"关系，行为人之间有着各自的利益需求并彼此依赖，形成"攻守同盟"，具有较单向行贿或索贿更强的抗拒侦查能力。对此，传统贿

①《澳大利亚刑法典》，张旭等译，北京大学出版社2006年版，第6页。

②《欧洲委员会反腐败公约》第2条行贿罪（积极贿赂）规定："直接或间接向任何公职人员许诺给予、提议给予或者实际给予该公职人员或者其他人员任何不正当的好处，以使该公职人员在执行公务时作为或者不作为。"第3条受贿罪（消极贿赂）规定："公职人员为其本人或者其他人员直接或间接索取或者收受不正当好处，或接受提议或就不当利益作出承诺，以作为其在执行公务时作为或者不作为的条件。"《联合国反腐败公约》第15条规定：行贿罪为"直接或间接向公职人员许诺给予、提议给予或者实际给予该公职人员本人或者其他人员或实体不正当好处，以使该公职人员在执行公务时作为或者不作为"；受贿罪为"公职人员为其本人或者其他人员或实体直接或间接索取或者收受不正当好处，以作为其在执行公务时作为或者不作为的条件"。就行贿罪和受贿罪的构成要素看，两部反腐国际公约均呈现较为整齐的对应关系，可称为"平行立法模式"。

③《德国刑法典》，徐久生、庄敬华译，中国法制出版社2000年版，第227—228页。

赂犯罪立法治理确立了“单边型”特别自首制度，赋予了仅行贿人一方特别自首的刑事处遇政策，以调动其积极作用，提升其在揭发受贿犯罪中的积极性。然而，“单边型”特别自首不符合对贿赂犯罪源头性治理之要求，缺乏彻底瓦解贿赂双方信任关系的功能。为此，积极治理主义基于“囚徒困境”理论，倡导建立“双边型”特别自首制度，增加受贿人的特别自首制度，“人为”制造出受贿者与行贿者内在紧张关系，从而达到迅速瓦解内部同盟，实现腐败根源性治理之目的。对此，一些国家已经进行了立法尝试。如 2012 年匈牙利新刑法典规定了“双边性”特别自首制度，对于行贿人而言，只要“行为人亲自向权力机关坦白犯罪行为，揭发犯罪情况的”，均“可以无限制减刑或者经特别考虑撤销案件”；对于受贿人而言，只要“行为人亲自向权力机关坦白、上缴所得的所有形式的非法利益并且揭发犯罪情况的”，均“可以无限制减刑，特殊情况下，可以撤销案件”。① 葡萄牙刑法典第 372 条第 2 款也创新地规定了“受贿人退出机制”，即行为人在实施违背职业义务之前，自愿拒绝接受曾经答应接受的利益或承诺，或者将该利益予以退还的，免除刑罚处罚。②

（5）复合型的主体责任立场。基于预防性治理之要求，增加组织监督责任，形成复合型的主体责任体系，是积极治理主义的又一基本立场。积极治理主义认为，现代贿赂衍生已经不再是权力支配者的个人独立行为，而与组织结构内部权力运行、监督不均衡有密切关系，后者对于贿赂行为的鼓励、放纵、默许或监督不足，是导致贿赂现象泛滥的重要原因。对

① 参见钱小平：“积极治理主义与匈牙利贿赂犯罪刑法立法转型”，《首都师范大学学报》（社哲版）2014 年第 6 期。

②《葡萄牙刑法典》，陈志军译，中国人民大学出版社 2010 年版，第 163 页。

此，有必要将权力结构个体责任原理修正为权力组织结构理论，将针对实行行为的封闭式治理转化为针对组织管理的开放式治理，实现贿赂犯罪立法防卫基点由行为环节向监管环节的前置化革新。根据权力结构组织理论，行为监管者应承担对权力组织体内成员的监督责任，怠于行使责任而放任贿赂发生的，须承担刑事责任。据此，英国 2010 年《贿赂法》第 7 条创新性地规定了"商业组织预防贿赂失职罪"，规定商业组织对疏于构建行贿预防机制而导致行贿行为发生承担必要的刑事责任。[①] 英国法律委员会认为，商业企业处于减少甚至消除因贿赂容忍而带来的巨大危害的最佳地位，而目前无论是刑事还是民事诉讼都难以有效地打击那些将贿赂作为建立、扩张其商业地位而倾向于允许其雇员贿赂的经济实体。与其忽视这一现象，不如选择一种有效的规范模式，这对于确保将一个高的商业道德标准贯彻于所有商业实体是必不可少的。[②] 对于不承认法人犯罪的国家，也有加强监督者（自然人）责任的类似规定。如匈牙利尽管不承认法人犯罪，但 2001 年第 CXXI 法案则另辟蹊径，将法人管理者怠于行使预防行贿的行为犯罪化，即法人负责人或有决定权、控制权的法人内部主体为在其授权下的法人行贿行为承担责任，但其能证明已经履行了控制与监督义务的除外，该规定被 2012 年匈牙利新刑法典所吸收，成为行贿罪下的一

① Bribery Act 2010, sec.7(5).

② Monty Raphael, *Blackstone' s Guide To:The Bribery Act 2010*, Oxford: Oxford University press, 2011, p.57.

种特殊类型。[①]

（6）“权责制”的身份责任立场。在同样具备公职资格身份的前提下，不同层级或不同类型职业的公职人员的贿赂行为对于公职廉洁性的危害性大小有所不同，应当在立法上给予区分对待。据此，积极治理主义坚持“权责制”的身份责任立场，对特殊公职人员规定了更为严厉的刑事责任。如考虑司法公职人员贿赂行为损害到司法公正性与国民对法的信赖，较之普通贿赂更为严重，挪威刑法典（第 114 条）、荷兰刑法典（第 364 条）、希腊刑法典（第 237 条）等均规定了独立的司法贿赂罪，而德国刑法典第 331 ～ 333 条也将法官和仲裁员的贿赂作为加重情节处理。[②] 此外，匈牙利则区分了高级公职人员和普通公职人员的身份差异，规定：普通公职人员受贿的法定基本刑为 1 年～ 5 年监禁刑；高级公职人员受贿的法定刑为 2 年～ 8 年监禁刑；高级公职人员受贿并违反职责的法定刑区间为 5 年～ 10 年监禁刑，进一步突出了对高级官员的重点惩治，体现了“严中从严”的更为积极的刑事惩治立场。[③]

（7）多元化的刑罚立场。摆脱重刑主义处罚的路径依赖，建立包括刑罚在内的多元化处罚制度，提升处罚合力作用的威慑效果，是积极治理

① 根据 2012 年新刑法典第 293 条行贿罪第 4、5 款之规定：“经济组织的负责人、受雇于或代表经营者并被授予经营控制或监督权的任何人，未能适当履行控制与监督义务，致使受雇于或代表经营者的人为了或代表经营者利益而实施了第 1 款至第 3 款所规定犯罪的，应承担刑事责任，依照第 1 款规定处罚。”“经济组织的负责人、受雇于或代表经营者并被授予经营控制或监督权的任何人过失实施了第 4 款规定之罪的，构成轻罪，处 2 年以下监禁刑。”

②《德国刑法典》，徐久生、庄敬华译，中国法制出版社 2000 年版，第 227—228 页。

③ 参见钱小平：“积极治理主义与匈牙利贿赂犯罪刑法立法转型”，《首都师范大学学报》（社哲版）2014 年第 6 期。

主义的又一重要立场。传统贿赂犯罪的刑事责任承担形式为监禁刑和财产刑，该两种刑罚仅是对犯罪人及其犯罪行为的基本评价，未能进一步考虑到腐败犯罪对社会政治、经济所产生的负面影响。积极治理主义从更为严格的角度，要求犯罪人承担贿赂产生的各种不利后果，提高犯罪的政治与经济成本，进一步加强刑罚的威慑与预防效果。如西班牙、捷克、意大利刑法典等规定了剥夺贿赂犯罪主体从事职业或担任公职的资格；挪威、芬兰刑法典规定了开除公职处罚。此外，以《联合国反腐败公约》为代表的国际公约倡导建立腐败利益取消、被害人损失赔偿等制度，前者是在法律程序中将腐败视为废止或者撤销合同、取消特许权或撤销其他类似文书或者采取其他任何救济行动的相关因素，依法剥夺第三方从腐败行为中获得的利；后者是指因腐败而遭受损失的主体向责任人提出损害赔偿的请求。尽管两项制度并不属于典型意义上的刑罚制度，却是从保护社会整体利益角度出发，以特定的经济制裁方式修复因贿赂而受损的社会关系，属于广义上的犯罪矫正制度，具有明显的积极治理主义特征。

3. 消极治理主义与积极治理主义之比较

通过揭示消极治理主义和积极治理主义之下腐败犯罪刑法立法特点，可以发现两种腐败治理理念导致刑法立法产生以下差别：（1）治理结构的差异。消极治理主义重视打击受贿罪，导致行贿罪和受贿罪在犯罪构成、立案标准、特别自首、刑罚处罚等方面均处于“非对称”状态；积极治理主义则更重视对行贿犯罪的打击，在行贿罪与受贿罪之间形成了“对称性”的治理结构。（2）入罪标准的差异。消极治理主义通过“犯罪数额”“利用职务上的便利”和“为他人谋取利益”等构成要素，设置了较高的入罪标准，限制了刑法的规制范围；积极治理主义则采取了简化构成要素的方式，立法规制范围更为宽泛，只要行为人“要求或接受与公务行为有关的非法利益，或利益允诺的”，即构成受贿罪。（3）责任类型的差异。消极治理主义立足于传统腐败治理观念，认为贿赂犯罪的可罚性根据在于贿赂行为所产生的社会危害性，故而在责任类型上属于典型的行为责任。而积极治理主义认为，腐败犯罪既是个人自由选择的结果，也是环境预防不当的结果，若组织体内部能够对公共权力的产生、运行与分配给予有效监督，则可以减少腐败犯罪发生的概率。（4）刑罚裁量的差异。消极治理主义认为，基于“囚徒困境”之理论，行贿人特别自首制度是国家破解行贿与受贿人“攻守同盟”的重要工具而仅对行贿人的特别自首进行从宽处罚。积极治理主义同样基于“囚徒困境”的原理，调整了思路，增加了受贿人的特别自首制度。通过给予受贿人特别自首的从宽条件，可以在贿赂主体内部形成“先自首、先从宽”的竞争格局，不仅可以提高追诉效率，而且可以有效遏制行贿人的行贿动机，从而提升规范的预防性治理功能。（5）量刑身份的差异。消极治理主义中，腐败犯罪中的身份仅是定罪身份，并不是量刑身份，即公职身份不是影响量刑的法定因素。然而，积极治理主义则更加公职性质和地位的不同，加大对高级公职人员的刑事处罚，进一步体现了“严中从严”的刑事惩治立场。（6）重刑设置的差异。消极治理主义强调刑罚的重刑化，以重刑换取威慑效果，而积极治理主义则强调刑罚的多元化，以刑事法网的严密性换取威慑效果。

在消极治理主义下，刑法立法以事后惩治为中心，重点惩治个体腐败，面对常态化的腐败犯罪能够产生一定的刑法治理效果。但是，当腐败犯罪向群体化、系统化和环境化演变时，消极治理主义下的刑法立法将面临“规制失灵”的风险。消极治理主义之下刑法立法的弊端在于：一是刑法立法设置了较高的可罚性标准，在刑事犯罪和普通违法之间构筑了缓冲带，避免了刑罚的过度严厉化，但以放弃轻微贿赂行为治理为代价，同时也存在着导致刑法介入时间滞后及犯罪容忍度同步提高的问题；二是刑法立法对交易行为之外的“不作为”的放任，恰好促成滋生腐败的系统环境，系统组织对体系内个体腐败的无视、漠视或放任，是导致腐败源源不断产生的重要原因，也是造成腐败刑事治理低效化的关键；三是排除了身份作为贿赂犯罪法定量刑要素的可能性，违反了责权原理和公平原则，不利于加强刑罚的特殊预防效果；四是虽然偏向于受贿罪的治理结构体现了国家对于公职人员的特殊要求，但忽视了行贿人在现代贿赂犯罪中的源头性影响，面对行贿人的“围猎现象”，以受贿犯罪为中心的下游治理结构已经暴露出治理能力严重不足的弊端。总体而言，消极治理主义并未从现代腐败的衍生机理出发，根源性祛除腐败产生的基础，从而难以对贿赂犯罪进行有效的“上游治理”和“环境治理”，无法解决国家现代化转型过程中的群体腐败、族群腐败和腐败“生态化”问题。沿循旧制的刑法资源投入甚至会导致“国家腐败治理能力饱和”的现象，造成犯罪治理的边际效益递减。相比之下，积极治理主义则反映出国家在现代化转型过程中腐败治理策略的灵活调整，即根据腐败类型的变化，以腐败衍生环节的“机会遏制”为主导，将刑法干预从腐败犯罪的后端场域适度延伸至前端预防场域，形成源头治理、事中监控与事后严惩紧密结合的一体化的“刑事场域”，从而发挥刑法在治理“生态型”腐败方面的积极作用。

4. 中国反腐新时期刑法立法理念更新之抉择

党的十八大以来，中国掀起了又一轮“反腐风暴”，这场“风暴”是以“斩虎首”“杀虎威”“虎蝇齐打”为最大亮点的“中国式”反腐，疾风暴雨、无禁区、无上限的严打整治，促成了“不敢腐”局面的初步形成。[①]由此促使中国的反腐进入到历史转折的重要时期，诸多新问题正成为战略选择的重点，最为重要的是转变立法理念和立法战略。《刑法修正案（九）》启动了自 1997 年以来关于贿赂犯罪最大规模的集中修正，于 2015 年 11 月 1 日正式生效实施。此次立法修正在增设向特定关系人行贿罪之外，重点关注了贪贿犯罪的刑罚改革问题，确立了腐败犯罪的“并处罚金”制度、设置了贪贿犯罪死缓犯的“终身监禁”制度、严格了行贿犯罪的特别自首制度。对此，社会舆论的赞誉之声较多。但是，在肯定立法修正进步的同时，也应当清醒地认识到，此次立法修正并未对中国公职刑法立法进行实质性调整，一些根本性的问题仍然没有改变。比如，立法删除了受贿罪的具体数额规定，但只是将具体的数额犯改为抽象数额犯（情节犯），而根据《最高人民法院、最高人民检察院关于办理贪污贿赂刑事案件适用法律若干问题的解释》（2016 年 4 月 18 日），作为受贿罪入罪标准的“数额较大”，通常情形下为“三万元以上不满二十万元”，入罪数额标准的大幅提升，不利于清廉社会的形成。再如，立法严格了行贿罪特别自首的适用条件，以防止特别自首的滥用，然而，这样的修正却并没有彻底破除行贿人的犯罪解套机制，行贿人仍可以通过特别自首而逃脱刑事责任，难以从行贿源头上遏制腐败。客观而言，《刑法修正案（九）》部分解决公职刑法以往存在的一些问题，但未能触及立法规制能力不足的核心问题。从立法目的角度看，这样的小修小补不足以使刑法承担清廉社会构建的重要使命。在加快推进反腐败立法的时代背景下，中国亟待改变传统事后性治理的消

---

① 参见张磊：“步伐不变，方能致远”，载《中国纪检监察报》2015 年 3 月 17 日。

极治理理念，以积极治理主义为主导，推进贿赂犯罪刑法立法在预防领域的适度扩张，构建应对环境型、群体性腐败的刑法治理体系，有效提高公职刑法的腐败治理能力。

5. 积极治理主义导向下中国腐败犯罪刑法立法之完善

（1）既有罪刑规范的修正。在消极治理主义影响下，贿赂犯罪刑法立法存在规制范围过窄、规制效果不经济、规制手段失当等问题。从积极治理主义角度，上述问题已经对刑法规制能力构成了瓶颈式障碍，难以通过简单修补的方式加以解决，必须采取“外科手术”方式进行全面改造，具体体现：

（a）删除冗余的贿赂犯罪构成要素，进一步扩大公职刑法的规制范围。贿赂犯罪中的“为他人谋取利益”“利用职务上便利”等构成要素并不直接反映贿赂犯罪的社会危害性特征，却导致立法防卫阵线的后移，缩小了刑法规制范围，应当予以删除。以利益冲突原理为基础修正贿赂犯罪构成，规定，只要行为人提出、同意收受或实际收受财产利益的，以作为履行或不履行其职责条件的，即构成受贿罪，而“利用职务上的便利”或“为他人谋取利益”，则属于贿赂犯罪的加重构成。此外，应进一步删除贿赂犯罪的数额要素。对于贿赂犯罪是否应当保留数额的规定，有不同的观点。“肯定说”认为，中国目前缺乏“零容忍”的社会氛围、缺少执行资源支持以及刑法理论支持，推行“零容忍”政策不符合实际情况，是对刑罚作用的过分迷信，并将导致腐败的“泛犯罪化”，由此应当保留数额，并通过立法或司法解释提高成罪数额的方式来解决立法效益不足的问题。[①]“肯定说”认为，对于贿赂犯罪，如果惩治力度轻，不足以达到预防和遏制贿

① 孙国祥：“我国惩治贪污贿赂犯罪刑事政策模式的应然选择”，《法商研究》2010年第5期。

赂犯罪频发时，贿赂犯罪便出现“破窗”式的多米诺效应，因此，对贿赂犯罪应采取“零容忍”态度，删除数额。[①]本书认为，数额大小与公职行为廉洁性是否受到侵害无关，数额的存在是导致司法产生“选择性打击”的重要原因。因此，应当在《刑法修正案（九）》的基础上进一步删除数额要素，以体现国家严厉打击贿赂犯罪的“零容忍”立场。但是，考虑到腐败治理的阶段性及司法操作的实际问题，故而在一定时期内仍应以司法解释将数额作为犯罪情节的一个参考因素加以明晰化，入罪数额标准不宜过高，以免于积极治理主义的“零容忍”理念相冲突。

（b）采取“对称型”的刑事处遇原则，加强对行贿犯罪的刑法治理。一是基于行贿罪与受贿罪的对向关系，对行贿犯罪构成要件要素进行对应性调整，在删除受贿犯罪“为他人谋取利益”要素的前提下，删除行贿罪、对单位行贿罪的“谋取不正当利益”要素；二是提升单位行贿罪的刑罚力度，等于或大致接近于行贿罪的法定刑，以确保对行贿行为社会危害性的普遍性评价；三是建立“双边型”的特别自首制度，取消行贿罪中“因被勒索给予国家工作人员或者其他从事公务的人员以财物，没有获得不正当利益的，不是行贿”之规定，而将此种情况作为行贿罪的法定减轻情节。在《刑法修正案（九）》基础上进一步增加受贿犯罪的特别自首制度，其适用条件要严格于行贿人特别自首。

（c）采取“权责制”的身份责任原理，确立“严中从严”的治理策略。在贿赂犯罪刑事责任体系构建中引入“责权相适应”原理，根据公职人员的级别高低及公权性质差别，设置不同的罪刑体系。一是区分公职性质，

---

① 王秀梅："贿赂犯罪的破窗理论及零容忍惩治对策"，《法学评论》2009年第4期。

将司法贿赂犯罪独立成罪，设置更重的法定刑，从严打击司法腐败。二是区分高级公职人员和普通公职人员的法定量刑身份，将“高级公职人员受贿”及“向高级公职人员行贿”分别规定为受贿罪与行贿罪的法定加重情节。

（d）采取“预防化”的处罚原理，建立综合性的刑事处罚机制。在积极治理主义导向下，中国贿赂犯罪的刑罚设置不应简单地停留于以自由刑为中心的刑事惩治所产生的惩罚性效果，而应建立多元化惩罚措施以提升立法的预防效果。具体应当建立：对受贿人设置剥夺公职并禁止恢复的资格刑、对行贿人设置禁止市场准入的资格刑、规定基于贿赂而订立的合同无效以及腐败资产追回制度。当然，在世界死刑废止改革浪潮之影响下，中国已经迈上了死刑废止之路，但对于腐败犯罪死刑的废止，仍有诸多来自于官方和民意的阻力，“在目前腐败现象还比较严重的情况下，短时间内即废止其死刑，会与国家基本的政治形势不相符合”。[①]《刑法修正案（九）》新增了贪贿犯罪死缓犯的终身监禁制度，具有重要的死刑替代功能。因此，结合死刑改革的整体步骤，在未来条件成熟时，可以考虑及时废止贪贿犯罪的死刑。

（2）新增犯罪。积极治理主义主张对贿赂行为采取严厉的“机会遏制”，要求刑法积极介入“前端犯罪场域”，形成源头治理、事中监控与事后严惩紧密集合的一体化“场域”，最大限度地提升刑罚威慑效果及治理效益。基于积极治理主义之立场，合理借鉴国外立法之规定，在《反腐败法》或《财产申报法》作出前置性规定的前提下，在刑法中增加规定下列

① 赵秉志：“论中国非暴力犯罪死刑的逐步废止”，《政法论坛》2005 年第 1 期。

具有腐败预防功能的犯罪：

（a）增设国家工作人员拒不申报、不如实申报财产罪。即国家工作人员在不能提供合理理由的情况下拒绝或者不如实申报其财产，情节严重的，处3年以下有期徒刑，没收财产并处或单处剥夺公职资格。禁止利益冲突是预防腐败的第一道防线，党的十八大报告要求“防止利益冲突，更加科学有效地防治腐败”，而财产申报登记制度则是发现、揭示利益冲突的重要保障，防止利益冲突首先要建立有效的财产登记公示制度，基于此，应在刑事领域建立相关罪名，以刑法手段保障防止利益冲突的实现。

（b）增设单位预防行贿失职罪。反腐实践已经证明，市场经济中大量行贿行为并非是行贿人单纯的自发行为，而与其单位利益有密切联系，因单位内部控制的薄弱与不足而导致行贿行为的发生，单位及其负责人负有不可推卸的监督责任，这也是企业社会责任的重要内容。2004年《联合国全球契约》提出了“企业应反对各种形式的腐败，包括敲诈勒索和行贿受贿”。将预防行贿责任法定化和犯罪化，使企业管理者充分认识到预防责任所在，对于落实企业社会责任、加强贿赂犯罪的源头治理，都是非常有必要的。因此，建议增设单位预防行贿失职罪，规定因疏于构建单位内部行贿预防制度而导致单位成员为单位利益向他人行贿的，单位及其主管人员承担监督过失的刑事责任。该罪为单位犯罪，同时处罚直接主管人员及其他直接责任人员。

（c）借鉴“二元化”的行为类型理论，适时增设怠于报告贿赂罪。公务员基于特定的职务及法定身份要求，被赋予了确保公职人员群体廉洁性的“保证人”地位，对贿赂犯罪具有特别监督义务，不履行监督义务等同于纵容犯罪，侵害到公职行为的廉洁性，具有刑事可罚性依据。因此，在

《反腐败法》或《公务员法》增加国家工作人员对于贿赂犯罪的法定报告义务的前提下，也可考虑在受贿罪之下增设“怠于报告贿赂罪”，将国家工作人员在履行职务过程中获知他人贿赂犯罪事实而不报告的行为，情节严重的，规定为犯罪。由此，将防卫基点从行为环节向监管环节前置，延伸刑法于预场域，遏制贿赂犯罪机会，以破解“环境性腐败共同体”，塑造清廉的政治环境。

（二）制定《公职人员问责与处罚法》

行政责任是反腐刑事责任的前置防线，在公职人员违反职责的情形下，根据法定程序对其进行及时、有效的行政惩治，提高行政惩治的威慑效果，加大腐败的政治成本，是腐败治理的重要手段。惩治的前提是问责。问责制是国家民主政治、宪政体制的产物，体现的是责任政府的原则。问责的目的在于追究权力滥用之个人责任，因此，问责制也应当被包括在行为惩治法之中，属于该法的重要组成部分。从西方国家关于问责制的责任定义角度，可将责任分为两种：其一是政治责任。如西方《宪法》《议会法》所规定的引咎辞职、主动或被动下台；其二是行政责任。如《公务员法》《政府道德法》中所规定的行政处罚或纪律处分制裁。政治责任属于异体问责，可直接规定在《国家权力机关监督法》之中，根据国家机关之间的权力监督关系进行责任确认和承担。《公职人员问责与处罚法》规定的责任属于同体问责，仅因公共权力滥用而由行为人直接承担的责任，属于狭义问责。

2007 年《行政机关公务员处分条例》规定了关于公务员的处罚规范，但是该条例法律位阶较低，适用范围较窄。至于问责制度，目前则无统一立法规定，相关问责规范散见于各单项立法及部门规章。如《审计法》《国务院关于特大安全事故行政责任追究的规定》等，依然存在适用范围窄，适用程序标准不统一等问题。因此，有必要统一立法，及时颁布《公职人员问责与处罚法》。该法具体包括：一是公职人员的范围。适用于基于委托代表关系而履行公共职务的所有行政公职人员，不包括司法、立法公职人员，后两者的问责及处罚由《监督法》《法官法》等其他法律规定。二是公职人员的问责程序。行政问责的过程和结果具有惩戒性，因此必须严格依照法定程序进行，问责程序包括启动、调查、评估、处理、监督、救济、时效等。三是公职人员违反职责的处罚。包括处罚权配置、处罚形式、责任后果等。四是违反职责处罚的救济程序。

三、“不能腐”立法之重点选择与完善

在中国反腐新时期，在“不能腐”已经成为国家反腐战略关键步骤的前提下，应及时调整反腐政策的导向，从“秩序维护”为本位的消极治理主义转向以“清廉环境”为本位的积极治理治理主义。在积极治理主义导向下，“不能腐”立法应当以腐败所赖以生存的本原性要素、内生性环境改造为治理重点，降低社会对腐败的容忍限度，增加权力滥用障碍，从而构建提高腐败追究可能与预防机会的机制，反腐立法实现由“惩治法”向“预惩协同型”立法的转型。根据反腐立法战略，“不能腐”立法采取逐步制定方式，优先选择核心、重点制度进行立法。具体包括：

（一）制定《公职人员财产申报法》

1. 财产申报登记制度的反腐原理

财产申报制度的源头可远溯到 18 世纪的瑞典，1766 年的瑞典规定公众可以查阅一般官员至首相的纳税清单。第一部财产申报法律制度的产生则是指 1883 年英国制定的《净化选举防止腐败法》。在理论上，财产申报制度来源于“透明政府理论”（“金鱼缸”理论）。即政府应像玻璃缸中的金鱼，清澈透明，人民有权了解政府的一切，政府不应对人民有所隐瞒，除非确有必要对某些信息做暂时性保密。透明政府理论原本仅适用于政府本身，但到了现代，已经从政府本身延伸及公职人员的个人生活，公职人员的个人生活纳入了政治透明的范畴。通过对公职人员财产的有效监督，使其难以从腐败行为中获利，从而有效预防贪利型的腐败犯罪。现代清廉国家多数制定了关于公职人员财产信息透明的立法，如美国《政府道德行为法》、新加坡《财产申报法》、法国《政治生活资金透明法》，等等。至 2010 年年底，在收入世界银行数据库的 176 个国家中，146 个国家建立了官员财产公示制度。财产申报制度常常把某些拥有“不明不白”收入的官员推到不得不对其财产来源加以解释的难堪境地，这无疑增加了权力腐败的难度，同时也有利于树立政府廉洁的形象。[①] 联合国犯罪预防和刑事司法处在《反对贪污腐化实际措施手册》中认为，建立该项制度对反腐败有两方面的作用：“第一，它可以起到早期警报作用，据此可以看出一个公职人员的消费水平和生活方式是否与其薪金收入水平相符合。如不相符即应

---

① 参见林喆：《权力腐败与权力制约》，山东人民出版社 2012 年版，第 308 页。

要求本人作出解释，或对其进行认真的观察。第二，当明知他有贪污舞弊行为，从而产生非法收入的资产，但拿不到明确证据时，这也可以作为起诉的根据。”

2. 财产申报登记制度的中国实践及其问题

我国最早关于建立官员财产申报制度的设想是20世纪的80年代。1987年，时任全国人大常委会秘书长法制工作委员会主任的王汉斌在第六届全国人大常委会第二十三次会议上，在对提交审议的《关于惩治贪污罪贿赂罪的补充规定》作出说明时提出：“一些国家规定公务员应当申报财产收入，我国对国家工作人员是否建立申报财产制度问题，须在其他有关法律中研究解决。”全国人大常委会在1994年将《公职人员财产申报》法列入了立法规划。中共中央办公厅、国务院办公厅在1995年5月联合下发了《关于党政机关县(处)级以上领导干部收入申报的规定》(以下简称《规定》)，是我国第一部关于官员收入申报的规定，但该规定仅是党内政策性规定而非法律规定，在此之后，党中央又陆续颁布了四部有关财产申报的规范，[①] 均未上升至国家立法层次。部分地方对财产申报制度也进行了尝试性探索，如新疆阿勒泰、湖南浏阳、浙江慈溪、珠海市横琴新区、韶关市始兴县等地都展开了财产申报的试点工作，有媒体称有27个地市先后开始财产申报制度的试点工作。[②]

---

① 1997年《关于领导干部报告个人重大事项的规定》(失效)、2006年《关于党员领导干部报告个人有关事项的规定》(失效)、2010年《关于省部级现职领导干部报告家庭财产的规定(试行)》(现行有效)；2010年《关于领导干部报告个人有关事项的规定》(现行有效)。

② 参见陈良飞、李云芳：“27市县已试点财产公开 廉政特区构想引关注”，载《东方早报》2012年12月26日，第A1版。

然而，中国现行的财产申报制度存在诸如问题，具体体现为：(1) 法律位阶较低，权威性不足。1995 年《规定》仅是中共中央办公厅、国务院办公厅等制定的一个政策性文件，属于行政规章，不是法律，缺乏权威性、强制力和执行力。(2) 申报主体存在疏漏。《规定》的适用对象为党政机关县（处）级以上领导干部，不包括军事机关、乡镇基层政府负责人或具有类似地位的主体，也不包括领导干部的配偶和子女，存在较大的主体漏洞。(3) 申报范围过窄。《规定》第 3 条规定了申报对象为其所列出的各种收入，收入仅是以劳动为交换的资金流入，不包括赠与、房产置业等不以劳动为交换的财产所得及财产增值收益。因此，《规定》属于“收入申报”而非“财产申报”，适用范围狭隘。(4) 申报程序不规范。《规定》仅规定了常规申报，未规定任职、离职、退休申报；对申报人的档案管理、申报资料公开等问题均没有规定。(5) 申报监督不足。根据《规定》，申报的受理机构是本单位的人事部门，不是法定监督机构，其主要职责是对党和国家公职人员予以任免、考核和管理，并不具有独立的监督职能。而负有一定监督职能的党的纪律检查机关和政府的监察机关，则只对申报的执行情况进行监督检查，并不受理审查申报。这种受理申报机构与监督机构相分离的机制，极易使监督流于形式，使之失去对申报主体财产状况实行日常监督的意义。(6) 缺乏有效的责任追究。根据《规定》第六条，申报人不申报或者不如实申报收入的，只是给予党政纪处分，缺乏行政惩治或刑事惩治，责任承担形式和内容均极为弱式，难以产生威慑与预防作用。综上所述，由于现有规范存在级别较低、适用范围狭隘、内容简单，责任追究缺乏等问题，导致申报流于形式，甚至沦为“填表制度”，实行效果并不理性。在 2012 年“表叔”“房叔”“房姐”等事件发生后，制度防腐举措即官员财产申报立法再一次引起社会关注。党的十八大之后，反腐立法的重点在于加强腐败预防制度构建，预防制度的重点在于建立行政权及其权力人的透明化机制，构建中国的“阳光法案”，加快推进制定《公职人员财产申报法》势在必行。

3.《公职人员财产申报法》立法必要性及其设计

（1）立法必要性。一是制度反腐之需要。中国面临着严峻的反腐形势，作为“阳光法案”的财产申报立法是“制度反腐”的重要组成，对于构建有效的腐败预防体系具有重要作用。二是履行国际公约的要求。中国于 2005 年 10 月 27 日经全国人大常委会批准加入了《联合国反腐败公约》，该《公约》第 52 条第 5 款规定：“各缔约国均应当考虑根据本国法律对有关公职人员确立有效的财产申报制度，并应当对不遵守制度的情形规定适当的制裁。”制定财产申报法是中国应当履行的国际法义务。三是提高执政公信力的要求。建立官员财产申报制度，官员的透明度将大大增加，公众对官员群体的信任进而政府的公信力也将大为提升。①

（2）立法设计。《公职人员财产申报法》涉及的主要内容包括：

一是总则性规定。包括立法宗旨、目标、概念界定及申报原则。将公职人员明确界定为从事履行国家公共职能或代表公共利益进行活动的相关主体，而非局限于公务员的身份概念，由此扩大申报主体范围。

二是申报主体范围。根据总则对公职人员概念的界定，进一步进行具体列举。借鉴国外以及我国现行法律中关于国家工作人员的规定，采取“级别 + 岗位”的方式，合理确定申报主体的范围：县（处）以上的公职

① 参见柴晓宇：“公职人员财产申报制度的立法探讨”，《人大研究》2012 年第 4 期。

人员属于申报义务人范围；司法、公安、工商、税务、交通、城建等腐败风险较高的特殊岗位，即使是普通公职人员也属于申报义务人范围；村民委员会等基层组织协助人民政府从事行政管理的工作人员也属于申报义务人范围；军事机关公职人员的申报单独规定。

三是申报内容。申报内容包括公职人员在国内与海外的个人财产。如工资奖金福利等收入、不动产及交通工具、资本收入、财产赠与、其他收入以及债务支出状况。同时，家庭财产、配偶子女的财产以及共同生活的其他家庭成员的财产，也属于申报范围。在具体申报范围上，可根据申报对象的级别加以区别对待。市（局）级以上的公职人员须申报所有财产信息，包括配偶和未成年子女的财产信息以及海外财产信息；市（局）级以下的公职人员可以只申报个人国内财产信息。

四是申报时间。确立初任申报、日常申报和离职申报制度，以便将公职人员的财产状况自始至终置于有效的监督之下。借鉴美国财产申报的做法，规定：任何将要担任法定需申报财产职位的人员，在任职后 30 天之内必须申报本人配偶以及所抚养子女或共同居住其他家庭成员的财产状况：在职公职人员在每年 3 月 15 日之前，需要申报上一年度个人配偶、抚养子女或共同居住其他家庭成员的财产状况；离职或退休的公职人员，需在离职或退休 30 天内递交离职或退休财产报告，申报表上的签字和填报日必须为离职之后。

五是申报类型。级别申报制的通常形态，无论是选举性公职人员还是非选举性公职人员，只要担任处级（含副处）级别以上领导职务的，都应当申报；同时，对于腐败多发的特殊领域，也可以使用指定申报制。①

六是申报受理机构。目前由单位内部人事部门作为财产申报的受理机构存在诸多问题，应当予以调整。世界各国一般都是设立专门的受理机构，新加坡是内阁廉政署、泰国是反贪委员会、墨西哥为联邦监察总署、美国为政府道德署。借鉴国外立法经验，结合监察体制改革，可考虑在监察委员会之下设立相对独立的自上而下的财产申报专门受理机构，军事系统的申报受理由中央军委和各大战区直接负责。

七是申报公开。基于目前现状，宜采用有限公开原则。申报对于省（厅）级以上公职人员财产主动向社会公开，国务院副总理以上级别的党和国家领导人本人及其家庭财产的申报资料，在全国性报纸或公报上公布，其他高级别公职人员的财产状况可在任职行政区的相同级别党的机关报或公报上公布。对于其他公职人员的财产依照申请公开。

八是违反申报的法律后果。对于谎报、瞒报、无故拖延申报或做虚假申报等行为，规定相应的纪律或行政责任。其他国家还规定了违反申报的民事责任或刑事责任，如美国对拒不申报、谎报、漏报无故拖延申报者，司法部可对当事人提出民事诉讼，法院可判处1万美元以下的罚款；对故意提供虚假信息的人，可提起刑事诉讼，判处最高25万美元的罚款或5年监禁。借鉴上述规定，可考虑在刑法典中增设国家工作人员拒不申报财产罪或不如实申报财产罪。该罪与国家工作人员巨额财产来源不明罪相协调，强化行为人违反公职人员财产申报法的责任。②

---

① 参见乔亚南："从公职人员财产申报的基本理论到我国实践的理性选择"，《学术研究》2014年第10期。

② 参见周杏梅："公务员财产申报制立法思考"，《河南师范大学学报》2009年第3期；李卫红："现实与逻辑演绎的刑事政策"，《法学评论》2012年第5期。

九是宽恕时效问题。允许公职人员在特定的时间内自愿将腐败财产捐献给指定公益组织，不再将该财产纳入申报范围。[①]当然，财产申报法的制定仍需要考虑到国家对经济活动监控机制是否健全，当对社会成员的财务、税收以及相关金融活动能够有详细统计、完整记录，且较为准确时，则更容易构建财产申报制度，否则即使通过立法确立了财产公示制度，也难以发现腐败问题。因此，该法立法应当坚持有效性、协调性和阶段性原则，在实现不动产等财产信息联网的基础上，再逐步实现立法目标。

除了上述主要内容之外，财产申报制度的有效运行还依赖于配套制度的构建。如金融实名制度、公民信用保障系统、不动产登记联网制，等等。在《财产申报法》中可以就上述制度进行衔接性的规定，以确保财产登记制度的完整性和有效性。

（二）制定《防止利益冲突法》

1. 防止利益冲突的反腐原理

本质上，利益冲突是公共权力的非公共使用，包括公共权力的递延化和期权化，是公共权力发生腐败的重要根源。[②]明确个人利益与公共利益之间的界限，防止两者发生利益冲突，对于预防腐败具有重要意义。防止利益冲突与公职人员财产申报是两种不同的制度，具有不同的基本立场。事实上，国外公职人员财产申报与公示制度并非是作为腐败的发现机制而存在，构建这一制度的目的是构建公职人员的征信体系，让公职人员以申

---

① 参见何家弘："反腐败的战略重心与官员财产公示"，《法学》2014 年第 10 期。

② 庄德水："公共权力腐败的利益冲突根源"，《中共中央党校学报》2011 年第 8 期。

报与公示财产的方式，显示其道德责任感，表明其清廉及愿意接受监督的态度。[①] 换言之，财产申报制度的首要功能在于显示公职人员作为公共事务受托者所应当具有的信用特质，而财产公示的透明化使其具有了腐败预防之功能。财产申报是防止利益冲突的重要手段之一，而防止利益冲突才是预防腐败的基础制度。

利益冲突本身不是腐败，若对于利益冲突处理不当，就会导致腐败。[②] 即腐败是利益冲突的结果，而不仅仅是利益冲突的方式。为防止权力滥用，就必须在发生利益冲突时予以及时控制。防止利益冲突，是从避免个人利益与公共利益冲突角度，在事前就构建腐败发生的“防火墙”。腐败的本质是为了私人利益而损害公共利益，因此，预防腐败的核心就在于防止公职人员的利益冲突，这也是积极治理主义的内在要求。防止利益冲突已被多数国家视为有效预防腐败的前瞻性、战略性措施，也是国家廉政体系建设的支柱。[③]《联合国反腐败公约》更是要求“各缔约国均应当根据本国法律的基本原则，努力采用、维持和加强促进透明度和防止利益冲突的制度；各缔约国均应当根据本国法律的基本原则，酌情努力制定措施和建立制度，要求公职人员特别就可能与其公职人员的职能发生利益冲突的职务外活动、任职、投资、资产以及贵重馈赠或者重大利益向有关机关申报”（第 7、8 条）。《联合国公职人员国际行为准则》第 3 至 7 条规定了利

① 参见向楠：“房宁：我国亟需建立官员利益冲突管理制度”，载《中国青年报》2013 年 5 月 16 日，第 6 版。

② ADB/OECE. Controlling corruption in Asian and the Pacific [R]. Manila, 2005.

③ 参见唐晓清、杨绍华：“防止利益冲突制度：国际社会廉政建设的经验及启示”，《当代世界与社会主义》2011 年第 2 期。

益冲突与回避；美国《行政部门雇员道德行为准则》几乎全部是关于预防利益冲突的规则：第一章规定了“雇员不得有任何与恪尽职守相冲突的财务利益”等14项相关原则，第二至八章详细规定了外部礼物、雇员之间的礼物、冲突的财务利益、履职公正与回避、兼职与离职后的工作、参见外部活动等方面的行为准则。俄罗斯《反腐败法》第10、11条提出了“预防和调整国家与自治地方职务利益冲突的方法”。

2. 防止利益冲突的中国实践及其问题

基于利益冲突对于腐败滋生的重要影响，中国已经开始注意到利益冲突问题，制定了一定数量的防止利益冲突的政策规范，主要包括：1980年《关于禁止在对外活动中送礼、受礼的决定》；1984年《关于严禁党政机关和党政干部经商、办企业的决定》；1986年《关于进一步制止党政机关和党政干部经商办企业的规定》；1993年《关于在对外公务活动中赠送和接受礼品的规定》《关于反腐败斗争近期抓好几项工作的决定》；1995年《关于党政机关县（处）级以上领导干部收入申报的规定》；1997年《中国共产党党员领导干部廉洁从政若干准则（试行）》（已失效）和《关于领导干部报告个人重大事项的规定》（已被2006年《中共中央办公厅印发〈关于党员领导干部报告个人有关事项的规定〉的通知》代替）；1998年《关于中央党政机关与所办经济实体和管理的直属企业脱钩有关问题的通知》；2000年中央纪委印发《关于“不准在领导干部管辖的业务范围内个人从事可能与公共利益发生冲突的经商办企业活动”的解释》；2001年2月中央纪委印发《关于省、地两级党委、政府主要领导干部配偶、子女个人经商办企业的具体规定（试行）》；2004年中央纪委、中央组织部、监察部、国务院国资委联合发布的《国有企业领导人员廉洁从业若干规定（试行）》

（已失效）；2006 年 8 月，中办印发《党政领导干部任职回避暂行规定》；2007 年 5 月，中纪委印发《关于严格禁止利用职务上的便利谋取不正当利益的若干规定》，提出了以防止利益冲突为主要内容的八条禁令；2009 年 9 月《关于加强和改进新形势下党的建设若干重大问题的决定》，第一次以中央文件的形式提出建立健全防止利益冲突制度；2009 年颁布《国有企业领导人员廉洁从业若干规定（试行）》；2010 年《中国共产党党员领导干部廉洁从政若干准则》；2011 年《关于领导干部报告个人有关事项的规定》《关于对配偶子女均已移居国（境）外的国家工作人员加强管理的暂行规定》，等等。此外，从《公务员法》《审计法》《证券法》《行政监察法》等涉及公务员从政行为规范的法律法规中，也都有防止利益冲突的相关规定。据统计，中央和国家机关涉及防止利益冲突精神的法规和规范性文件大致有 229 件。[①]

然而，在中国传统消极治理模式中，基于后果责任立场，腐败行为的判断源自对权力不当行使所产生客观后果判断，如有无利用职务上的便利实际或承诺为他人谋利、有无收受贿赂、有无违反法律要求，等等。国家立法以腐败结果的发生为立法构建的基础，对于引发腐败的源头缺乏必要的关注，尚未形成以事前的防止利益冲突为主导的立法体系。目前防止利益冲突的规定，基本属于党内法规范畴，适用范围狭小，缺乏强制性的责任追究，执行力不足，且各项规定之间较为零散，缺乏协调，尚未形成完整的体系，在适用及其效果上具有局限性。

---

① 中共中央纪委办公厅："中央和国家机关各单位关于防止利益冲突的法规和规范性文件目录"，《中纪办通报》第 13 期，2012 年 3 月 7 日。

3. 立法必要性及立法设计

（1）立法必要性。一是预防腐败之迫切需要。利益冲突处于腐败衍生的前端环节，大量的腐败就是因为出现了利益冲突未能及时控制而演化为更为严重的腐败犯罪。在目前防止利益冲突规范运行效果不佳的前提下，更有必要整合规范资源，提升立法位阶，加强立法规制效果。二是维护公共信任之迫切需要。对于利益冲突不加以有效控制，公众对政府的信任将受到严重侵蚀。公职人员在公务过程中掺进私人利益，政府将会失去社会公众的信任，进而失去统治和管理的合法性和合理性。三是贯彻落实国家反腐政策的重要体现。2010 年 1 月中央纪委十七届五次全会上，中央正式提出要“建立健全防止利益冲突制度，形成有效预防腐败的长效机制”，中共十八大进一步重申“防止利益冲突，更加科学有效地防治腐败”，制定《防止利益冲突法》是国家反腐政策的贯彻与落实。四是履行国际公约之必要。防止利益冲突制度为《联合国反腐公约》所积极倡导，制定相关立法也是中国履行国际法义务的重要体现。在此背景下，应借鉴国外立法经验，将党内规范中的利益冲突规则集中剥离，上升为国家立法，及时制定《防止利益冲突法》。

（2）立法设计。《防止利益冲突法》的主要内容涉及：

一是总则性规定。包括立法宗旨、指导思想、立法依据和立法原则。在立法原则上，确立公共利益优先原则、公共信赖原则、公开透明原则、廉洁性原则作为处理利益冲突的指导理念和标准。

二是主体适用范围。防止利益冲突的主体范围为公职人员。公职人员的认定应当体现公共利益性，只要具有一定公职或代表公共利益的主体，无论工作性质或单位行政，无论是否具有公务员身份，均属于公职人员。

对于公职人员的范围，国外多采取列举式规定。如《澳大利亚公共利益公开法》规定公职人员包括：政府机构官员、受雇于国家或代表国家雇佣或为国家机关或工具服务的人，不管是否根据服务合同，包括已经停止服务的人；或者被授予代表国家国家机关或国家部门名义行使职能的人。①借鉴国外立法规定，在抽象定义之外，可将本法中的公职人员列举为：依法履行公共职务的国家立法机关、司法机关、行政机关、党务机关、各人民团体、国有企业、事业单位中的工作人员，以及其他履行公共职责的工作人员。

三是利益冲突的类型。作为行为规范的指导，立法应在界定利益冲突概念的基础上，采取列举方式，将利益冲突的类型予以明确，主要包括：权力兜售、资金交易、兼职、未来就业、处理亲属关系、馈赠予消遣、贿赂、信息兜售等。②

四是利益冲突的回避制度。利益回避制度包括程序制度和实体制度。程序制度包括申请回避、指定回避、适用对象和范围、办理时限等内容。实体制度包括任职回避、地域回避、公务回避、财产处置等。任职回避是指配偶子女等直系亲属不得在同一机关任职。公务回避是指公职人员在与个人利益发生冲突的行政决策和行政执行（执法）过程中，应当回避。财产处置是指具有投资性财产的人一旦从政，为避免发生利益冲突，或者将其财产转让出售，或者通过廉政机构匿名信托他人。③加拿大《防止利益

---

① 最高人民检察院职务犯罪预防厅:《国际预防腐败犯罪法律文件选编》，法律出版社 2002 年版，第 174 页。

②［美］特里·L. 库珀:《行政伦理学：实现行政责任的途径》，张秀琴译，中国人民大学出版社 2001 年版，第 112 页。

③ 朱向东、侯玉梅:“我国亟待出台防止利益冲突法”，《廉政文化研究》2012 年第 4 期。

冲突法》规定，任职后120天之内，构成利益冲突的资产必须处理完毕，以公平交易的办法卖掉资产，潜在的利益冲突随之消除。需要注意的是，利益冲突的回避制度以利益公开为必要条件，在此应规定与《公职人员财产申报法》的衔接性条款。

五是离职或即将任职的公职人员的特殊利益冲突规则。利益冲突最容易发生在公共领域与私人领域的交界处，特别是在当前政府部门与私营部门的合作及业务来往越来越多的情况下，公职人员解除公职之后可能会直接加入私营部门，出任与原来就职机构关联紧密行业的顾问等职位。为防止离职之前的腐败利益输送或公职人员加入私营部门后利用其在原单位的人际关系或其他资源为私营公司营利而给国家带来损失，国外立法普遍规定了“旋转门”规则，对离职后的公职人员进行从业限制。对此，立法可加以积极借鉴，规定公职人员在解除公职之后的1～2年内禁止到与其任职期间有工作关系或联系较密切的公司任职，禁止利用基于公职而掌握的内部信息为私营公司谋取利益。①

六是监督机构。本单位的纪检监察部门为利益冲突的监督机构，未设置纪检监察机构的，财产申报登记机构为监督机构。纪检监察机构与财产申报机构实行“互联互通”，及时进行信息分享和交换，相互配合，加强监督效果。

七是法律责任。违反本法规定的利益冲突规则，根据情节的轻重，承担行政或刑事责任。情节较轻的，给予停职、降职（级）、撤职、开除公职等行政处罚；情节较重的，在刑法对贿赂犯罪基本犯罪进行增设“利益

① 参见聂资鲁：《防止公职人员利益冲突立法的理论与实践》，《中国法学》2013年第6期。

冲突型”贿赂犯罪的前提下，构成犯罪，承担刑事责任；因利益冲突而获得非法利益应予以没收。

（三）制定《政务公开法》

1. 政务公开的反腐原理

政务指行政事务，政务公开包括行政活动与信息公开等。公开透明是现代政府基本特征之一，是治理腐败不可或缺的制度安排。政务公开确保行政权力能够受到公众监督，减少暗箱操作和腐败动机，提高腐败发现率和腐败成本，是现代国家法治的重要保障。1776 年瑞典《新闻报道自由法》是全球首个政府信息公开法。第二次世界大战以后，世界各国掀起了“政务公开”的法治化浪潮，将“政务公开”直接写入宪法，成为宪法重要原则。信息公开是政府的基本义务，对政府信息的知情权是公民的基本权利，并通过制定《政务公开法》或《政府信息公开法》，规范公开的内容、程序和保障，进一步完善腐败预防体系。据专项调查显示，当今越来越多的国家进行不同程度的政府信息公开实践活动，已有 70 多个国家设立了比较独立的信息公开工作机构，50 多个国家出台了信息公开法（包括议会立法与政府立法）。[①]

2. 政务公开的中国实践及其问题

我国的政务公开萌芽于 20 世纪 80 年代的村务公开。1988 年《中华人民共和国村民委员会组织法（试行）》最早规定了村务公开制度，1994 年中共中央《关于加强农村基层组织建设的通知》提出要抓好村务

---

① 莫于川、林鸿潮:《政府信息公开条例实施指南》，中国法制出版社 2008 年版，第 6 页。

公开制度建设，1998年中共中央《关于农业和农村工作若干重大问题的决定》进一步明确了村务公开的重大原则和具体措施，并在同年修订的《中华人民共和国村民委员会组织法》中得以体现。在总结村务公开经验的基础上，中共中央国务院决定在全国推行政务公开。2002年国务院开始起草我国的《政府信息公开条例》，广州、深圳、上海、北京、成都等地开始制定地方性的政府信息公开条例。2005年3月中共中央办公厅、国务院办公厅印发的《关于进一步推行政务公开的意见》明确了推行政务公开的指导思想、基本原则、工作目标以及主要任务、重点内容和形式，并提出了建立健全政务公开法规制度的要求。2007年国务院颁布了《中华人民共和国政府信息公开条例》（以下简称《条例》），规定了政府信息公开方式、程序、公开监督和保障等内容，构建了政务公开的基本规则。

从《条例》颁布至今，政府主动公开信息的数量不断增加，但从公开渠道的反馈情况看，公众获取政府信息的难度依然很大，信息公开制度仍存在诸多问题：（1）基本立场定位不当。《条例》的基本立场是政府中心主义，缺乏对“公开为原则、不公开为例外”原则的明确规定，相反默认了政府有权决定信息公开范围、程度。如第12、14条规定的是“在各自职责范围内确定主动公开的政府信息的具体内容”，客观上给予行政机关很大的决定权；第13条规定公民申请信息公开的条件是“根据自身生产、生活、科研等特殊需要”，这也不当限制了申请人资格，而且这种资格是否被承认取决于行政机关。（2）法律位阶不高。《政府信息公开条例》是国务院颁布的行政法规，立法位阶明显低于保密法和档案法，后者规定了信息公开的边界和阻却事由，造成立法体系构建的失衡，《条例》作为核心法的作用无法显现。（3）信息公开范围狭窄。在政府信息公开问题上，世界各国一般都确定了以公开为原则，不公开为例外的政府信息公开原则，对不公开的信息有严格的限制。《条例》仅规定了能够公开的信息范围，对不能公开的信息没有进行具体规定，不符合信息公开默认原则。①（4）缺乏有效的救济制度。2011 年 7 月最高人民法院颁布了《关于审理政府信息公开行政案件若干问题的规定》，解决信息公开的司法救济问题，但仍然存在原告资格限定过窄、原告举证责任过重的问题，违反信息公开的救济成本较高的问题。

3.《政务公开法》的立法完善

基于政务公开制度在监督公权、预防腐败方面的重要作用，以及目前立法中出现的问题，应及时着手对《条例》进行修正。

立法内容具体包括：（1）提升立法位阶，制定《政务公开法》，形成以该法为核心的政府信息公开法律体系。从国外的立法经验来看，《政府信息公开法》《财产登记公示法》《隐私权法》《保密法》等共同构成政府信息公开法律制度体系，《政府信息公开法》为其核心。为确保政府信息公开法律制度体系的统一性和整体性，有必要将《条例》上升为法律，并注意信息公开法律规定之间的协调，确立其核心法的地位。（2）明确信息公开的范围。应当在立法中确立公开为原则、不公开为例外的基本准则。在此基础上，对属于国家秘密、商业秘密和个人隐私范围内不予公开的信息，进行具体明确的列举，建立更加开放明晰的制度规范，并统一规定公

① 参见朱友刚："我国政府信息公开的思路与对策"，《山东社会科学》2012 年第 3 期。

开中的保密审查制度。[①]（3）明确公众的知情权。明确政府权力与公众权利的关系，明确规定公众对法定公开范围内的政务信息具有知情权，依法公开政务信息是政府应当履行的责任与义务，从而扭转政府单向垄断信息公开的局面。（4）完善政务信息公开的救济制度。为防止公民知情权的虚化与空置，建立政府信息公开的司法救济制度。司法审查机制的有效性是行政信息真实披露的保证，没有有效的司法审查作为正式制度上的保障，行政公开法的规定就是无牙的老虎。[②]美国根据信息自由法的规定，信息公开的法律救济是针对依申请的公开，即公众请求公开某项文件，政府拒绝公开请求，或者请求政府不公开符合豁免公开的个人信息或商业秘密，政府予以公开在这两种情况下，公众都可以启动法律救济程序。[③]借鉴国外经验，可考虑在《政务公开法》中进一步放宽对原告资格的限定，规定在政府不公开政务信息的情形下，任何公民都可以以知情权受到侵害而提前行政诉讼或行政复议。（5）建立举证责任倒置制度。在因政务公开而提出行政诉讼的前提下，由作为被告的政府承担举证责任，证明必须达到完全确认的内心心证。（6）建立信息不公开而导致公民经济损失的民事诉讼赔偿制度。对于应该公开而不公开的行政行为给公民造成经济损失的，当事人有权请求国家赔偿。（7）其他立法的统一与协调。政府信息公开涉及国家秘密制度、档案制度、诉讼制度、赔偿制度等系列配套制度，因此，

① 新西兰《官方信息法》第 5 条规定，“基于本法提出的是否应当提供官方信息的问题，除了本法另有规定外，应当按照本法之目的以及信息可用性原则予以处理，除非存在拒绝提供的合理理由”；第 6 至 9 条对拒绝提供信息的理由进行了细化。可见，这是一种“公开为原则、不公开为例外”的典型立法。参见《新西兰官方信息法》，孙平译，中国方正出版社 2014 年版，第 69 页。

② 参见石红心：“治理信息与行政公开”，《中外法学》2003 年第 1 期。

③ 参见朱友刚：“我国政府信息公开的思路与对策”，《山东社会科学》2012 年第 3 期。

应当加快对《保密法》《档案法》《侵权法》《反不正当竞争法》《行政诉讼法》《国家赔偿法》等相关法律进行修订，使涉及政府信息公开的法律规定协调一致。

（四）制定《公共听证法》

1. 公共听证制度的反腐原理

公共听证是指公众参与公共决策，是政府决策公开的体现。公共听证体现了自然正义原则，具有对公权力进行监督的功能，最初只适用于司法过程，旨在防止司法权对个人自由权、财产权的限制和剥夺。19 世纪后半期，随着国家活动和国家机构扩张导致授予公共机关的决定权越来越大、范围越来越宽，法院日益认识到，授予公共机构的权力越大，相应的遵守和实施保障机制就要求越高。① 自 20 世纪以来，听证被逐步运用于公共治理实践中。在美国，在城乡规划、社会福利、环境保护等领域，听证程序已经得到普遍运用。② 公共听证不仅是让公众更有效地参与行政决策，让各方利益能够得到充分整合，决策方案能够体现尽可能多元和均衡的“法益”，而且更为重要的意义在于对公共行政权力运行进行动态监督。公共听证与政府信息公开的不同之处，不仅在于政府信息公开是静态的、结果性的公开，决策公开是动态的、过程性的公开，③ 更重要的区别在于决策公开是前置性公开，在决策结果之前构筑防止权力运行异化的主动干预机制，其对权力滥用的预防效果更甚于后置性的决策结果公开，具有预防腐

---

① 参见何海波：“英国行政法上的听证”，《中国法学》2006 年第 4 期。

② Keith M. Black, Pub-lic Hearings— An Appearance of Fairness, 5 Gonz. L. Rev. 1969 ～ 1960, p.327.

③ 参见金莱夏：“论行政决策的公开”，《河南财经政法大学学报》2014 年第 4 期。

败的重要功能。

2. 公共听证制度的中国实践及其问题

中国目前尚未制定《公共听证法》。1996年《行政处罚法》最早规定了听证制度，在此之后，《价格法》《立法法》《环境影响评价法》《行政许可法》《城乡规划法》等法律中也都规定了公共听证制度。这种分散式立法使公共听证难以成为一个严格有序的程序制度，使公共听证原则与标准难以统一，导致公共听证在实践操作中出现诸多问题：（1）程序启动的选择性。目前立法较少明确规定哪类行政许可“应当”举行听证，更多的立法例是规定行政机关可以采取包括听证会、座谈会、论证会等方式征求利害关系人和公众意见。而且，哪些行政许可涉及公共利益，哪些行政许可涉及申请人与他人之间重大利益关系，这在实践中完全依赖于行政机关的裁量。由于立法的或然性规定，导致行政机关在听证程序的启动上具有绝对的主导权，容易导致权力的滥用或消极不作为而侵害到公众权利。（2）听证信息的不对称性。在公共听证中，信息不对称是一种普遍现象。以价格听证为例，纳入价格听证的项目，一般属于垄断经营的公用事业、公益性服务，专业性强，价格的形成信息和经营信息往往为垄断经营者掌握，政府的成本核算也往往依赖企业提供的信息。因而面对高度专业化的企业成本核算费者，公众根本无法在听证中积极反应和有效表达，导致听证成为垄断行业经营者单方信息发布会。（3）听证参加人遴选机制缺乏科学规定。目前听证立法中对参加人遴选的标准和条件缺乏明确规定，行政部门对于听证参加人的遴选具有相当大的裁量权，选择“自己人”参加听证导致听证的形式化和虚置化，难以发挥权力监督的效果。（4）听证案卷效力不明和听证报告的非公开。目前各种制度都未规定听证报告的公开，严重影响公共听证的法律效力。听证案卷法律效力的不明，弱化了民意对权力的限制功能。听证报告的非公开，利害关系人仍无从知晓自己意见的采纳情况，也无从对行政决策进行有效的监督和制约，公共听证的制度功能难以实现。①

3.《公共听证法》的立法设计

基于公共听证制度存在的上述问题及其对公权监督的重要功能，应当考虑制定统一的《公共听证法》，立法内容具体包括：（1）公共听证的基本原则。包括：程序法定原则、解释原则、知情权原则、表达原则等。（2）公共听证的适用范围及其例外。（3）听证参加人遴选机制。听证参加人的选择应当贯彻自愿、公正、公开原则。针对不同利益集团的代表应分别采取不同的遴选方式，建立起一种既能体现组织部门中立性，又能保障听证参加人的广泛性、代表性和独立性，即由各种利益群体和价格主管部门双向互动，共同协商选择听证参加人的机制。（4）公共听证的庭前程序。在听证之前，听证参加人有权就听证事项进行调查，查阅、复制、摘抄相关文件材料和要求相关各方对特定问题作出解释、说明，主管部门应当提前公开相关听证资料，并对听证人的请求予以积极协助，使其能够对听证事项全面了解，提高听证效果。（5）听证主持人的资格及其选择。听证主持人应具有律师资格或法律职业资格，有一定年限的行政管理工作经验，其由人大常委会的专门委员会负责任命，具有独立性，在公共听证中不能与任何一方进行单方的接触。（6）听证的正当程序。包括质证、辩论、证据的固定与效力，等等。（7）听证报告与决策理由的公开。在听证程序公

① 参见许传玺、成协中："公共听证的理想与现实"，《政法论坛》2012 年第 3 期。

开、笔录公开之外，明确规定听证报告公开和决策理由公开，以加强权力监督的效果。（8）听证违法的法律责任及其法律后果。违反听证程序规定的，可提出行政诉讼或复议，导致利益关系人经济损失的，可要求进行民事赔偿。

（五）党内规范的完善

在“二元化”反腐立法体系下，党内规范发挥公权监督的前置性预防功能，本质上属于“不能腐”立法。党内规范在党群体系下的监督更具有灵活性和灵敏性，具有国家法所不具有的优势条件。然而，长期以来受中国腐败治理的消极治理模式及其理念影响，党内规范的构建设计淡化了预防功能，而强调惩治功能，与国家法在腐败认定标准、腐败容忍度等方面产生了重合，难以发挥前置性的预防功能，无法与国家法相互衔接，形成梯度化、协同化的腐败治理机制，亟待加以修正调整。

2013 年 12 月中共中央发布《中央党内法规制定工作五年规划纲要（2013 ～ 2017 年）》（以下简称《纲要》），以加强党内法规规范化、体系化建设。在《纲要》指引下，应当充分考虑构建“二元法”反腐体系之必要，对党内规范进行系统性整理，并形成与国家法对应的前置性的党内规范体系，以发挥党内规范的预防功能。具体包括：（1）修正《中国共产党党员领导干部廉洁从政若干准则》。整合《中共中央纪委关于严格禁止利用职务上的便利谋取不正当利益的若干规定》等其他廉政法规，设置更为严格的廉政行为标准，以区别于刑法或行政法上的腐败标准，确立党内规范与国家法在反腐上的不同定位和功能区分，实现“纪法分开”，建立不同的腐败容忍限度原则和梯度原则，真正将“纪律挺在前面”，率先实现党内反腐的“零容忍”。(2)将具有腐败预防普遍意义的利益冲突、财产申报制度从党法中剥离上升为国家法，统一规定为《防止利益冲突法》和《公职人员财产申报法》。(3)制定《关于实行党政领导干部问责的暂行规定》。建立党内问责，强化党纪的威慑作用，严格被问责干部复出条件、程序和职务安排等，保证问责制度（狭义的问责制度，即政治性问责）与党纪政纪处分、法律责任追究制度有效衔接，[①]充分激活党内法规的在整个腐败治理体系中的预防功能。(4)制定《中国共产党纪律检查机关案件办理工作条例》。规范纪委办案的权力范围、程序要求，规范办案措施，以及与其他反腐机构相互配合，例如，对执纪中发现的构成犯罪的案件一律移交司法机关查处，并不再负责案件的具体指挥协调工作。(5)制定《中国共产党党务公开条例》。贯彻透明化、公开化原则，规定党内情况通报制度、党内事务听证咨询制度、党员定期评议基层党组织领导班子制度、党员旁听基层党委会议制度，以及党代会代表列席同级党委有关会议制度等，实现党务公开，增强党内生活透明度。[②]

---

① 王尔德:“党内法规立法需要顶层设计”，载《21世纪经济报道》2013年12月6日，第2版。

② 王尔德:“党内法规立法需要顶层设计”，载《21世纪经济报道》2013年12月6日，第2版。

参考文献

一、著作类

1. 葛洪义主编:《法理学》,中国人民大学出版社 2011 年版。

2. 何增科:《反腐新路:转型期中国腐败问题研究》,中央编译出版社 2002 年版。

3. 林喆等:《腐败犯罪学研究》,北京大学出版社 2002 年版。

4. 林喆:《权力腐败与权力制约》,山东人民出版社 2012 年版。

5. 罗豪才、宋功德:《软法亦法:公共治理呼唤软法之治》,法律出版社 2009 年版。

6. 莫于川、林鸿潮:《政府信息公开条例实施指南》,中国法制出版社 2008 年版。

7. 孙国祥、魏昌东:《反腐败国际公约与贪污贿赂犯罪立法研究》,法律出版社 2011 年版。

8. 张旭:《犯罪学要论》,法律出版社 2003 年版。

9. 周琪、袁征:《美国的政治腐败与反腐败》,中国社会科学出版社 2009 年版。

10. 周琪:《美国的政治腐败与反腐》,中国社会科学出版社 2009 年版。

11. 周旺生:《立法学》(第二版),法律出版社 2009 年版。

12. 朱景文主编:《法理学》，中国人民大学出版社 2010 年版。

13. 王章辉:《英国经济史》，中国社会科学出版社 2013 年版。

14.[俄] 萨塔罗夫主编:《反腐败政策》，郭家申译，社会科学文献出版社 2011 年版。

15.[意] 贝卡利亚:《论犯罪与刑罚》，黄风译，中国法制出版社 2005 年版。

16.[英] 哈特:《法律的概念》，张文显等译，中国大百科全书出版社 1996 年版。

17.[英] 罗杰 · 科特威尔:《法律社会学导论》，潘大松译，华夏出版社 1989 年版。

18.[英] 洛克著:《公法与政治理论》(中译本)，郑戈译，商务印书馆 2002 年版。

19.[美] 安 · 塞德曼等:《法律秩序与社会改革》，时宜人译，中国政法大学出版社 1992 年版。

20.[美] 塞缪尔·P. 享廷顿著:《变化社会中的政治秩序》，王冠华等译，生活 · 读书 · 新知三联书店 1989 年版。

21.[美] 罗尔斯:《正义论》，何怀宏、何包钢、廖申白译，中国社会科学出版社 2009 年版。

22.[美] 西里尔 · E. 布莱克编:《比较现代化》，杨豫、陈祖洲译，上海译文出版社 1996 年版。

23.[美] 约瑟夫 · E. 斯蒂格利茨著:《政府为什么干预经济》(中译本)，中国物资出版社 1998 年版。

24.[德] 马克思 · 韦伯:《经济与社会》(上)，林荣远译，商务印书馆

1998 年版。

25.Ellen S. Podgor and Jerold H. Israel, White Collar Crime in a Nutshell, West Group, 2004, pp.125—130.

26.Gerald E. Caiden and Naomi J. Caiden, "Administrative Corruption", in Public Administration Review, Vol.37, No.3, May-Jun., 1977, p.301.

27.Keith M. Black, Pub-lic Hearings—An Appearance of Fairness,5 Gonz. L. Rev. 1969-1960, p.327.

28.Monty Raphael, Blackstone's Guide To:The Bribery Act 2010, Oxford: Oxford University press, 2011, p.57.

29.Robert N. Roberts, White House Ethics, the History of the Policies of Conflict of Interest Regulation,2001,p.17.

30.R. Malcolm Smuts, Court Culture and the Origins of a Royalist Tradition in Early Stuart England. University of Pennsylvania Press, Philadelphia, 1987, p.74.

31.Susan Rose Ackerman , Corruption: a study in Political Economy, Academic Press, 1978, p.2.

32.Webster Nineth New Collegiate Dictionary(Springfield, Massachusetts: Meeriam-Webster, Incorporated, 2003), p.261.

二、论文类

1. 柏维春："中国腐败治理的体制困境及其应对",《东北师大学报》（哲社版）2011 年第 3 期。

2. 刁秀华："俄罗斯的腐败与反腐败及其对经济社会的影响",《国外社会科学》2014 年第 2 期。

3. 关保英:“科学立法科学性之解读”,《社会科学》2007 年第 3 期。

4. 高庆、钱文杰:“打虎大数据:传递哪些信息”,载《检察日报》2015 年 1 月 13 日,第 5 版。

5. 季正矩:“英国经济高速发展过程中腐败例举”,《中国监察》2001 年第 10 期。

6. 金波:“新加坡的制度反腐经验”,《国际关系学院学报》2009 年第 4 期。

7. 金爱慧、赵连章:“论中国传统人际关系对腐败的影响”,《东北师大学报》(哲社版)2010 年第 2 期。

8. 金莱夏:“论行政决策的公开”,《河南财经政法大学学报》2014 年第 4 期。

9. 姜明安:“论中国共产党党内法规的性质与作用”,《北京大学学报》(哲社版)2012 年第 3 期。

10. 江琳:“中央编办主任详解中央纪委机构改革方案:编制不增 反腐提速”,载《人民日报》2014 年 4 月 16 日,第 5 版。

11. 韩相敦:“韩国反腐败法评述”,《环球法律评论》2013 年第 2 期。

12. 何家弘:“反腐败的战略重心与官员财产公示”,《法学》2014 年第 10 期。

13. 何海波:“英国行政法上的听证”,《中国法学》2006 年第 4 期。

14. 胡鞍纲、过勇:“公务员腐败成本——收益的经济学分析”,《经济社会体制比较》2002 第 4 期。

15. 刘仁文:“宽严相济的刑事政策研究”,《当代法学》2008 年第 1 期。

16. 李景华："俄罗斯联邦反腐败法"，《人民检察》2010 年第 2 期。

17. 林喆："我们该有部怎样的反腐法？"，《廉政瞭望》2011 年第 3 期。

18. 倪星："论寻租腐败"，《政治学研究》1997 年第 4 期。

19. 米良："越南《反贪污腐败法》述评"，《云南大学学报》（法学版）2013 年第 2 期。

20. 钱小平："中国惩治贪污贿赂犯罪立法宏观运行效果考察"，《暨南学报》2012 年第 6 期。

21. 钱小平："积极治理主义与匈牙利贿赂犯罪刑法立法转型"，《首都师范大学学报》（社哲版）2014 年第 6 期。

22. 秦前红："宪政视野下的中国立法模式变迁"，《中国法学》2005 年第 3 期。

23. 单勇、侯银萍："中国犯罪治理模式的文化研究——运动式治罪的式微与日常性治理的兴起"，《吉林大学社会科学报》2009 年第 1 期。

24. 苏丹丹、段宏庆："广东东莞海关集体受贿案涉案人员多数被轻判"，《财经》2005 年第 11 期。

25. 孙国祥："我国惩治贪污贿赂犯罪刑事政策模式的应然选择"，《法商研究》2010 年第 5 期。

26. 王秀梅："贿赂犯罪的破窗理论及零容忍惩治对策"，《法学评论》2009 年第 4 期。

27. 魏佐国："试析明代品官薪俸制度"，《江西行政学院学报》2002 年第 4 期。

28. 夏纪媛："罗马尼亚转型期的腐败现象及其治理"，《廉政文化研究》2014 年第 2 期。

29. 熊培云："反腐：来自透明国际的劝诫",《南风窗》2004 年第 11 期。

30. 许传玺、成协中："公共听证的理想与现实",《政法论坛》2012 年第 3 期。

31. 许春华："打老虎过百后的反腐动向",《南风窗》2015 年第 8 期。

32. 叶竹盛："反腐的制度大爆炸",《南风窗》2015 年第 11 期。

33. 余忠剑："印度反腐败机制及其效果",《廉政文化研究》2013 年第 1 期。

34. 张宇燕、富景筠："美国历史上的腐败与反腐败",《国际经济评论》2005 年第 5 期。

35. 赵秉志："论中国非暴力犯罪死刑的逐步废止",《政法论坛》2005 年第 1 期。

36. 郑永流："法的有效性与有效的法（下）",《法制与社会发展》2002 年第 2 期。

37. 庄德水："公共权力腐败的利益冲突根源",《中共中央党校学报》2011 年第 8 期。

附　录

《中华人民共和国反腐败法（专家建议稿）》制定说明

制度反腐是我国反腐斗争的基本经验，只有通过制度治理腐败，反腐规范体系及其成效才能保持根本性、全局性、稳定性、长期性。党的十八大以后，习近平总书记将这种认识上升到空前高度，明确提出“要善于用法治思维和法治方式反对腐败”“将权力关进制度的笼子”，因而“加快推进反腐败国家立法”成为反腐斗争的第一要务。而当前反腐败立法分散在各种规范性文件、规章、行政法规、法律，包括党内的法规中，结构较为混乱，也有很多不统一协调之处，反腐立法尚缺体系性和协调性，特别是缺乏能统领整个反腐败立法的基础性法律。因此，《反腐败法》作为反腐败立法体系和制度治理体系的基本法，对反腐败立法体系和制度成形具有根本性意义，是定位反腐败制度地位、统摄反腐败分散规定和构建反腐败立法集群的制度基础，是反腐败立法的重中之重。

2015 年 4 月，课题组受中国法学会委托，拟以《加快推进反腐败国家立法研究》为题展开理论研究。这一课题主要是在全面深入的研究反腐败立法原理的基础上，全面阐述反腐败国家立法的必要性和可行性，并为反腐败立法体系的构建、设置和结果定位提供科学化成果与可行性建议。其中作为该研究核心成果之一的就是作为反腐败立法体系基础的《中华人民共和国反腐败法》(以下简称《反腐败法》)的论证与研究。

为保证《反腐败法》研究质量，课题组根据中国法学会的规划，成立了包括数位教授、副教授和博士研究生在内的九人研究团队，先后召开多次课题组全体会议，结合我国反腐败工作的具体实践状况和国家反腐败基本立法的实际需求，在全面收集归纳了国际国内反腐败和职务犯罪预防的相关法律法规并加以辩证研究的基础上，深入研讨了制定《反腐败法》的必要性和可行性、明确了《反腐败法》制定的指导思想和总体要求、分析了《反腐败法》的科学立法模式和立法内容，并最终起草制定了《中华人民共和国反腐败法(专家建议稿)》。在前期理论研究成果中已对《反腐败法》必要性和立法模式进行论证的基础上，对《中华人民共和国反腐败法(专家建议稿)》立法属性、立法框架和基本内容予以精要说明。

一、《中华人民共和国反腐败法(专家建议稿)》的立法属性

《反腐败法》作为反腐败立法体系和制度治理体系的基本法。就立法分工而言，从《反腐败法》的基本法地位和统摄性功能出发，《反腐败法》不需要面面俱到、巨细靡遗的规定反腐败相关内容；作为顶层设计，《反腐败法》首要任务是提示性构建整个反腐败法律的基本框架，确立未来反腐败具体立法的规划导向和立法原则。因此《反腐败法》不需要采取法典式的完整法模式，而应采用类似于《宪法》之于整个法律体系的原则法模式。

就立法基本特征而言，从惩治腐败、预防腐败以及反腐败国际合作中保持长效、高效和实效的制度需要出发，《反腐败法》需起到界定反腐

败核心概念、明确反腐败工作的范围与内容、统筹国际国内反腐立法体系和确定反腐主体及其职责四大功能，并兼顾事前预防与事后惩治、职权打击与群防群治、国际合作和国内分工、实体与程序等不同面向，保障对反腐败规制的全面性和系统性。因此,《反腐败法》应主要规定反腐败基本概念和原则、腐败预防制度、腐败的惩治和国际合作规则等反腐败基础内容，并且以原则性规定为主，制度细节留待其他反腐败法律法规和规范性文件加以明确和展开。而对其他法律法规已经有明确具体规定的内容，如刑事实体法对贪贿犯罪的规定,《反腐败法》主要做好衔接和定位的规定，即仅从立法技术上规定具体制度在整体立法体系中的定位并通过衔接性条款予以确认。

二、《中华人民共和国反腐败法（专家建议稿）》的立法框架

立法框架表明了立法内容在结构上的线索与理序，是保障立法内容条理性和层次性的逻辑基础，是立法技术的核心问题。《反腐败法》的立法框架作为反腐败制度的立法技术体现，须符合反腐败的理论规律和立法要求。通过分析反腐败工作的具体规律和我国反腐败立法现有状况、并归纳鉴别了世界反腐败现有立法的框架特点，可得出《反腐败法》的立法框架的合理层次：

首先，应以总则部分开宗明义的明确反腐败法律的最基本主题，以此作为《反腐败法》甚至整个反腐败法律体系的基础依据，表明《反腐败法》的基本法地位；包括立法目的、腐败的界定、反腐败的含义、腐败治理的基本原则、反腐败活动的实施主体、参与主体及其各自职责等。这是各国反腐败基本立法皆具备的立法内容。

其次，在明确基本问题的基础上，根据预防与惩治相结合的原则，分预防和惩治两大部分将腐败治理中的两大核心制度分别加以规定：即对腐败的预防制度和腐败的惩治与后果消除制度。如此可以合理划分现有反腐败具体制度的各自性质归属和时间阶段，并按照预防与惩治的各自属性要求和适用比例分别加以合理规定。这一规定模式也是诸多综合性反腐败基本立法所共同采用的立法例。

最后，根据全球化情势下反腐败国家合作的需求态势和《联合国反腐败公约》的规定，特别是《反腐败法》作为国际、国内法律协调平台的地位和属性，《反腐败法》需特别强调和反映反腐败的国际视野和国际法律协调需求，从而单独规定反腐败的国际合作部分，以保证反腐败基本法的覆盖面和适用性。

遵循这样的框架逻辑，课题组将《反腐败法》按照如下的结果加以编排："第一章总则""第二章腐败预防""第三章腐败的法律责任及程序措施""第四章腐败后果消除""第五章国际合作""第六章附则"。

三、《中华人民共和国反腐败法（专家建议稿）》的核心内容

从反腐败基本理论和反腐败基本法的制定需要出发，并结合我国反腐败工作的实际现状，《反腐败法》主要应包括以下关于反腐败基础制度的基本内容：

第一，腐败与反腐败核心概念的界定。腐败与反腐败的含义决定了整个反腐败法律体系的规制范围和规制内容，属于反腐败法律体系"牵一发动全身"的核心问题，是需要在其他规定展开前首先明确和界定的。

第二，治理腐败的基本原则。法律原则是法的基本要素，在法的创

制过程中，法律原则概括并体现着法律制度的基本性质、内容和价值取向，是整个法律制度的指导思想和核心。反腐基本原则体现了整个国家反腐败立法的指导思想和根本出发点，决定着反腐败以及反腐败具体法的统一性。

第三，反腐败组织机构及其分工。反腐败组织的高效运行，是腐败有效治理的重要保障，域外反腐败立法多对反腐机构的法律地位、权限大小等问题进行了具体规定。《联合国反腐败公约》第 6 条规定："各缔约国均应当根据本国法律制度的基本原则，确保设有一个或酌情设有多个机构……赋予本条第一款所述机构必要的独立性，使其能够有效地履行职能和免受任何不正当的影响……。"中国反腐败组织类型众多，既有行政体系内的监察机构，也有党内的纪委组织；既有腐败惩治机构，也有腐败预防机构，如何理顺各结构组织之间的关系，实现腐败治理的协调、分工、配合，是《反腐败法》所不能回避的基本规制任务。

第四，预防腐败的基本措施。预防腐败是腐败治理的前置性工作，是腐败治理的重中之重。明确预防腐败的主体、责任和工作内容，使预防制度具有一定的可操作性，同时对利益冲突和财产公示登记制度进行概括性规定，以便为今后制定《防止利益冲突法》和《公职人员财产申报登记法》留下制度接口。

第五，腐败的法律责任及其程序措施。虽然行政法、刑事法和规范性文件已经就腐败事后惩治规定了各种纪律处分、行政处分和刑事责任，但缺乏统一的规定，且对符合反腐败惩治特点的程序措施缺乏具体规定，因此有必要对反腐败的责任进行统一的规定，并就反腐败所涉及的特殊侦查、审判、执行程序进行专门规定。

第六，腐败的后果消除。腐败行为不仅损害了公务行为的廉洁性和违反了公共职责，也有可能造成对第三人的损害后果或对国家、社会实际利益造成损害。因此应设置专门的消除腐败后果的具体规则，尽可能挽回腐败所造成的实际损害，保护国家、社会和受损第三人的利益。

第七，反腐败的国际合作。就加强与域外国家或地区的国际反腐合作进行纲领性、指引性的规定。作为反腐基本法，《反腐败法》本着“宜粗不宜细”和“区分化处理”的立法策略，总体设计具有导向性、指引性、顶层化的特征，但也不排除部分条款具有具体化、可操作性的特征，与其他立法发生冲突时，应当按照“后法优于前法”或“特别法优于一般法”的规则，优先适用《反腐败法》。

中华人民共和国反腐败法
（专家建议稿）

第一章　总　则

第一条　为健全预防和惩治腐败体系，高效而有力地预防和打击腐败，建设清廉政府与廉洁文化，制定本法。

第二条　本法所指的腐败是指公职人员、单位滥用其职权、地位或其影响力，背离公共职责或公共利益的行为，或导致上述结果的相关行为。

公职人员指国家机关中从事公务的人员以及在公共机构、公共企业履行公共职能或提供公共服务的其他人员，包括准公职人员、外国公职人员、国际公共组织公职人员。

第三条　反腐败是由国家机关、企事业单位、社会团体、商业组织或自然人在其权限范围内实施的预防、惩治腐败以及消除腐败后果、促进反腐国际合作的行为。

第四条　腐败治理应坚持法治原则，采取标本兼治、综合治理、惩防并举、注重预防的方针，重点加强权力监督，防止利益冲突，防控腐败源头，采取多元化措施确保腐败的不可脱逃性，依靠群众，积极推动社会参与和清廉文化教育。

第五条　行政监察机关、国家预防腐败局和检察机关负责国家反腐败的实施。中国共产党纪律检查委员会负责中国共产党党内反腐败的实施。各反腐机关在其职权范围内，分工协作、相互配合，确保反腐机制的有效运行。

第六条　中国共产党的各级纪律检查委员会是党内预防与惩治腐败的专门机关。中央纪委在中央委员会领导下，党的地方各级纪委和基层纪委在同级党委和上级纪委领导下，重点对党的各级领导机关和领导干部的廉洁自律和党风廉政建设的情况进行监督，对违反党内廉洁纪律与规矩的行为给予党内惩治。

监察机关是行政领域内预防和惩治腐败的专门机关，依法对国家行政机关及其公务员和国家行政机关任命的其他人员进行廉政监察，对违反廉政纪律的行为进行调查处理，追究行政纪律责任。国务院监察部主管全国的监察工作。县级以上地方各级人民政府监察机关负责本行政区域内的监察工作，对本级人民政府和上一级监察机关负责并报告工作。

第七条　国家预防腐败局属国务院直属机构，负责预防腐败工作，具体包括：

（一）负责全国预防腐败工作的组织协调、综合规划、政策制定、检查指导；

（二）协调指导企业、事业单位，社会团体、中介机构和其他社会组织的防治腐败工作；

（三）负责对法律法规及其草案进行反腐败审查，对助长腐败行为的立法提出删除建议；

（四）负责预防腐败的国际合作和国际援助。

第八条 检察机关是国家法律监督机关，行使国家检察权，负责腐败犯罪的刑事追诉工作，具体包括：

（一）对于直接受理的腐败刑事案件，进行侦查；

（二）对腐败案件提起公诉，支持公诉；

（三）对人民法院审判活动是否合法，进行监督；

（四）受理腐败犯罪的举报；

（五）对腐败犯罪预防进行研究并提出预防对策和检察建议；

（六）负责腐败犯罪的法治宣传工作；

（七）其他由检察机关负责的反腐工作。

最高人民检察院领导地方各级人民检察院和专门人民检察院的工作，上级人民检察院领导下级人民检察院的工作。

第九条 全国人大及其常委会、中国人民银行、财政部、审计署、国家税务总局、海关总署及其地方机构，以及其他国家机关在其职权范围内依法参与反腐活动。

第十条 任何国家机关、事业单位、社会团体、商业组织或自然人，均有义务向实施或参与反腐败的国家机关提供证明腐败事实的信息及相关协助。对于反腐机关所查询的涉及反腐的信息、文件及其他材料，应当立即提供。若无法立即提供的，则应在3日内提供。

涉及国家秘密、商业秘密或其他法律所保护的秘密信息和文件的，依照法律规定的程序提供。

第二章　腐败预防

第十一条　预防腐败坚持教育、制度、监督并重的原则。实行内部预防、专门预防和社会预防相结合。

第十二条　预防腐败工作实行国家机关、国有公司、企业、事业单位、人民团体及有关单位各负其责、公民和社会各界共同参与的工作机制。

各级人民代表大会及其常务委员会依法对预防腐败工作进行监督。人民政府、人民法院和人民检察院应当定期向同级人民代表大会常务委员会报告开展预防腐败工作的情况。

文化、广播、电视电影、新闻出版等部门应当按照各自职责，面向社会公众，开展预防腐败宣传教育。

保障公民依法行使民主监督权利，畅通民主监督渠道。鼓励和引导运用信息网络及其他方式开展预防腐败工作。

第十三条　国家机关、国有公司、企业、事业单位、人民团体应当依照其职责做好下列腐败预防具体工作：

（一）坚持和落实警示教育、述职述廉评议、审计监督、任职回避等与预防腐败有关的制度；

（二）制定预防腐败工作方案，建立健全工作制度，落实预防措施，通报工作情况，交流工作信息；

（三）坚持和完善预防腐败教育制度，对本单位工作人员经常进行法制、纪律、道德教育，提高遵纪守法意识；

（四）对易发职务犯罪岗位的工作人员定期交流或者轮岗；

（五）选拔任用领导干部和重点岗位工作人员应当严格按照程序和条件进行，采取查询行贿受贿犯罪档案等方式，对被选拔的人员进行廉政考评，建立考评责任制，对考评失察的要追究责任；

（六）发现职务犯罪隐患要及时采取措施，进行提醒和诫勉谈话；

（七）接受职务犯罪领导机构及其办事机构的监督、指导，如实提供有关情况和资料。

第十四条 国家机关和有关单位应当建立健全下列职务管理制度：

（一）个人重大事项报告制度；

（二）述职述廉制度；

（三）民主评议制度；

（四）诫勉谈话制度；

（五）定期轮岗制度；

（六）回避制度；

（七）国家机关和属于审计监督对象的其他单位主要负责人任期、离任经济责任审计制度；

（八）其他预防腐败和职务犯罪的制度。

第十五条 国家机关和有关单位应当重点制定完善下列预防腐败的制

度措施：

（一）依照法定程序实施行政审批，实行政务中心集中受理办理行政审批事项，加强对行政审批程序和事项的监督检查；

（二）实行政务公开，落实听证制度、查询制度、公示制度和公布制度；

（三）完善公共资源配置、公共资产交易、公共产品生产领域市场运行机制，对建筑、交通、水利等建设项目的设计、监理、施工应当依法实行公开招标，对土地使用权的出让、转让，矿产资源的勘探、开采等依法实行评估、招标、拍卖；

（四）对行政转让出让和政府采购等直接经济行为实行公开相关信息和招标方式等措施；

（五）健全国有资产投资决策和项目法人约束机制，实行国有资产管理、评估、使用和转让审计制度，重大投资项目论证制、重大投资决策失误追究制；

（六）依法审计国家机关预算执行情况和决算及其他财政收支情况，审计政府投资和以政府投资为主的建设项目预算执行情况和决算，审计国有公司、企业、事业单位、人民团体的财务收支情况；

（七）严格财政资金分配和使用，严格预算管理和执行检查，严格实行收支两条线管理，加强财政支出预算绩效考评，严肃财政纪律；

（八）依照法定程序实施行政处罚、行政强制等行政行为；

（九）其他预防腐败的措施。

第十六条 司法机关应当履行下列预防腐败的职责：

（一）依照法定程序实行审判公开、执行公开、警务公开等制度；

（二）按照规定通报预防职务犯罪工作情况，分析研究行业和区域职务犯罪特点，提出预防职务犯罪的建议和对策；

（三）结合处理职务犯罪工作，提出司法建议；

（四）督促、协助有关单位开展预防腐败的宣传、教育和咨询活动；

（五）其他预防腐败的职责。

第十七条 国家公职人员应依法进行有关收入、财产、财产性利益的申报登记。

第十八条 公职人员有义务采取措施避免出现任何形式的利益冲突。

利益冲突是指公职人员的个人利益影响或可能影响其公职履行或其所代表的公共利益。

公职人员在知悉其发生利益冲突的情况下，有义务以书面形式及时向直接领导报告，有义务采取预防或调整利益冲突的措施。

第三章 腐败的法律责任及程序措施

第十九条 任何自然人或单位实施了本法所指的腐败行为，应依法追究其纪律责任、行政责任、刑事责任或民事责任。

对腐败行为有监督和追究职责的工作人员贪污受贿、玩忽职守、滥用职权、徇私舞弊、泄露秘密的，由有权机关依法给予行政处分；构成犯罪的，依法追究刑事责任。

对从事腐败行为的公职人员，应撤销其公职职务；构成犯罪的，应剥夺其从事公职的资格。

第二十条 国家公职人员有义务向反腐机构报告他人尚未被发现的腐败行为。明知腐败行为而不报告的公职人员，应按照法律规定承担相应责任。

第二十一条 单位有构建有效预防腐败的内部控制制度之义务，怠于履行该义务而导致单位成员为了单位利益而实施腐败行为的，单位及直接负责的主管人员或其他直接责任人员应依法承担责任，但单位能够证明其已制定了“充分程序”以预防其成员从事腐败行为的除外。

第二十二条 对出于合理理由善意向反腐机关举报涉及本法所规定的腐败行为的举报者，其合法权益受法律保护，反腐机关承担举报者身份保密的义务，不得在刑事、民事诉讼或其他场合下泄露涉及举报人身份的任何信息，有义务保障举报者的工作权利和人身安全，并对其举报行为给予奖励。

第二十三条 人民检察院在立案后，对于严重腐败犯罪案件，根据《中华人民共和国刑事诉讼法》的规定，可以采取特殊的技术侦查措施。通过特殊侦查程序所获取的材料在刑事诉讼中可以作为证据使用。

第二十四条 对于严重腐败犯罪的犯罪嫌疑人或被告人，应当严格取保候审的适用条件，以确保其出庭受审。

第二十五条 对于在腐败犯罪侦查或者起诉中提供检举揭发重大腐败犯罪，查证属实的，或提供关键证据使公诉能够继续进行的，或为反腐机关追回腐败犯罪所得的提供重要帮助的腐败犯罪的参与人，检察机关可以依据其犯罪情节和提供的实质性配合，作出不起诉决定。

第二十六条 腐败犯罪的主观要素，可以根据客观实际情况予以推定，除非被告人能提出证据加以反驳和辩解。

第二十七条 对于腐败犯罪案件，证人、鉴定人、被害人因在诉讼中作证，本人或者其近亲属及其他与其关系密切者的人身安全面临危险的，人民法院、人民检察院和公安机关应当采取以下一项或者多项保护措施：

（一）不公开真实姓名、住址和工作单位等个人信息；

（二）采取不暴露外貌、真实声音等出庭作证措施；

（三）禁止特定的人员接触证人、被害人及其近亲属；

（四）对人身和住宅采取专门性保护措施；

（五）其他必要的保护措施。证人、鉴定人、被害人认为因在诉讼中作证，本人或者其近亲属及其他与其关系密切者的人身安全面临危险的，可以向司法机关提出予以保护的申请。对证人的保护措施不得影响被告人正当的程序性权利。

第二十八条 对于严重腐败犯罪的犯罪分子，应当严格假释的适用条件，限制其假释。

第四章 腐败后果消除

第二十九条 因腐败行为而订立的合同为无效合同，取得的特许权或通过的法律法规等文件应按照法定程序予以撤销。因上述行为导致善意第三人合法利益受到侵害的，善意第三人应直接向腐败行为人提出诉讼，请求赔偿。

第三十条 因腐败犯罪导致国家经济利益损失的，应按照法定程序予以赔偿；因腐败行为导致其他自然人、单位的权利或经济利益受到损害的，应按照法定程序恢复权利，赔偿损失。

因腐败行为受到损害的任何人有权为获得赔偿而向该损害的责任者提出民事诉讼。

损害赔偿的诉讼时效为 10 年，从腐败行为实施之日起计算。

第三十一条　因腐败行为获得的财产、财产性利益，按法定程序予以没收，其他个人合法财产不得没收。旅行、疗养、服务等不正当利益无法没收的，按法定程序折算市场价格进行追偿。

第五章　国际合作

第三十二条　中国根据签署的国际条约或互惠原则，在尊重各自独立、主权、领土完整和互利的基础上，与其他国家执法机关和专门机关展开最为广泛的反腐国际合作。

第三十三条　在执法合作、司法协助方面建立广泛的国际合作关系，包括：

（一）情报交换；

（二）联合侦查；

（三）采取特殊侦查手段；

（四）司法协助；

（五）刑事诉讼的移交；

（六）被判刑人的移管；

（七）其他司法与执法合作。

第三十四条　基于互惠互利原则，承认和执行国外腐败资产的没收裁决，依照法定程序冻结、扣押、查封中国境内的腐败资产，加强腐败资产追回的国际合作。

第三十五条　加强商业银行等金融机构反洗钱的监管力度，建立最为广泛的反洗钱情报交换和检测国际合作机制。

第六章　附　则

第三十六条　本法自××××年××月××日起实施。

自生效之日起，其他法律与本法冲突的，以本法规定为准。

《中华人民共和国反腐败法（专家建议稿）》立法理由说明（逐条）

第一章　总则

第二章　腐败预防

第三章　腐败的法律责任及程序措施

第四章　腐败后果消除

第五章　国际合作

第六章　附则

第一章　总　则

第一条　为健全预防和惩治腐败体系，高效而有力地预防和打击腐败，建设清廉政府与廉洁文化，制定本法。

说明：

本条是关于反腐败立法目的的规定。我国主要制定法都在第一条设置了立法目的条款，以说明立法的制定动机、指导立法的具体解释和实施，本建议稿沿用此例。本条从建设清廉政府与廉洁文化两个方面提出了反腐败立法的目标体系。

理由：

立法目的，是立法者通过制定法律文本，意图有效地调控社会关系的内在动机，它既是法律创制也是法律实施的内在动因，更是整部法律文本的“中心思想”与核心追求，统摄着所有法条的制定、实施与解释。在我国，绝大部分的制定法都在第一条设置了立法目的条款。本建议稿按照惯例，也在第一条的位置拟定立法目的条款。

为“强化权力运行制约和监督体系”，党的十八届三中全会发布的《中共中央关于全面深化改革若干重大问题的决定》明确提出，要“健全惩治和预防腐败体系，建设廉洁政治，努力实现干部清正、政府清廉、政治清明”，并指出要“健全反腐倡廉法规制度体系，完善惩治和预防腐败、防控廉政风险”。这一内容表明了反腐败制度目标、防控目标和政治文化目标三个相互关联的基本目标。其中“健全预防和惩治腐败体系”是反腐败的制度基础，《中华人民共和国反腐败法》的制定，必须贯彻《中共中央关于全面深化改革若干重大问题的决定》的精神，通过健全反腐倡廉法规制度体系，推动惩治和预防腐败体系的建立和完善。为高效而有力地预防和打击腐败，实现清廉政府的建设与社会廉洁文化的形成提供法律基础。

立法例：

《联合国反腐败公约》第一条宗旨声明规定：“本公约的宗旨是：一、促进和加强各项措施，以便更加高效而有力地预防和打击腐败；二、促进、便利和支持预防和打击腐败方面的国际合作和技术援助，包括在资产追回方面；三、提倡廉正、问责制和对公共事务和公共财产的妥善管理。”

《哈萨克斯坦共和国反腐败法》第一条：“宗旨：一、本法的宗旨是捍卫公民的权利和自由，保障哈萨克斯坦共和国国家安全免受腐败现象威胁，确保国家机关、官员、国家公职人员及其同等人员有效开展工作，通过预防、查明、制止和揭露与腐败相关的违法行为，消除腐败现象之后果并追究责任人之责任，确定反腐败斗争的基本原则，规定与腐败相关的违法行为的种类以及追究责任的条件。二、本法的宗旨还在于巩固治理国政的民主、公开和监督原则，增强民众对国家及国家机关的信任，鼓励专业人才担任国家公职，促进廉政建设。”

第二条　本法所指的腐败是指公职人员、单位滥用其职权、地位或其影响力，背离公共职责或公共利益的行为，或导致上述结果的相关行为。

公职人员指国家机关中从事公务的人员以及在公共机构、公共企业履行公共职能或提供公共服务的其他人员，包括准公职人员、外国公职人员、国际公共组织公职人员。

说明：

本条是关于腐败内涵的规定，从主体和行为特征上界定了腐败的范围。行为特征界定以职权相关滥用和公职背离为两大特征，精确提炼核心内涵；同时为有效扩大外延，将其相关行为亦包含在内。而从最广泛打击腐败及同国际条约相接轨的意义上，主体以与国际接轨的、更具覆盖面的“公职人员、单位”的表述，而未采公务员或国家工作人员的表述，可包含准公职人员，防止期权腐败，同时也包括了行贿犯罪。

理由：

在腐败的行为内涵上我国通常将腐败定义为权钱交易，这样的腐败定义相对较为狭窄，也不符合从更全面的意义上包含违法违纪腐败行为的界定打击需要。而纵观各国立法，关于腐败概念界定，有基于公共利益的腐败定义、有基于公共舆论的腐败定义，有基于公共责任的腐败定义等，对之进行全面抽象分析，可以发现腐败主要集中于职权滥用和职责背离两个特征，因此本立法也采这种共通性的界定。

综观各国反腐败立法，主体既有相对宽泛到一切自然人和法人的，也有如我国贪贿犯罪一样限定于国家工作人员和单位的。而《联合国反腐败公约》则采取公职人员相对广义表述，包括了国家工作人员以及其他从事公共职能具备公共职权的人员，这样既防止主体范围无限扩张，又能面对复杂职权情形保证覆盖面。从与国际接轨、保证腐败打击范围的意义上，本法采取公职人员的表述，而非限于《刑法》上的国家工作人员的表述。不限于刑法表述的原因在于腐败并非仅限于犯罪行为，还有其他违法违纪的腐败行为。

立法例：

《联合国反腐败公约》第二条术语的使用规定："在本公约中：（一）'公职人员'系指：1. 无论是经任命还是经选举而在缔约国中担任立法、行政、行政管理或者司法职务的任何人员，无论长期或者临时，计酬或者不计酬，也无论该人的资历如何；2. 依照缔约国本国法律的定义和在该缔约国相关法律领域中的适用情况，履行公共职能，包括为公共机构或者公营企业履行公共职能或者提供公共服务的任何其他人员；3. 缔约国本国法律中界定为"公职人员"的任何其他人员。但就本公约第二章所载某些具体措施而言，"公职人员"可以指依照缔约国本国法律的定义和在该缔约国相关法律领域中的适用情况，履行公共职能或者提供公共服务的任何人员。"

《俄罗斯联邦反腐败法》第一条："腐败是指：1. 滥用公务地位、权力、行贿、受贿、商业贿赂或者自然人非法利用自己的公务地位违反社会和国家的合法利益，为自己或者第三人获取金钱、贵重物品、其他财产或财产性质的服务及其他财产权利形式的利益，或者其他自然人向上述人非法提供这种利益；2. 以法人的名义或者为法人的利益而实施本款第 1 项中规定的行为。”

《新加坡防止腐败法》第二条规定：“‘贿赂’包括：（a）金钱或者任何礼物，贷款、费用、酬谢金、佣金、有价证券或其他财产或任何可以形容为动产或不动产的财产性利益；（b）任何职务，职业或协议；（c）任何借款、义务或其他任何责任的部分或全部的偿还、放弃、履行或清偿；（d）其他任何服务、帮助或任何可以形容的好处，包括使逃避惩罚，或使规避任何惩戒或惩罚本身的行为或程序所带来的、或其中发生的、或令人担忧的不利条件，无论该行为已实施与否，同时还包括任何权利、公权力或职责的行使或不行使；（e）提议、约定或承诺给予以上（a）、（b）、（c）、（d）各项中所规定的任何报酬的行为。”

第三条 反腐败是由国家机关、企事业单位、社会团体、商业组织或自然人在其权限范围内实施的预防、惩治腐败以及消除腐败后果、促进反腐国际合作的行为。

说明：

本条是对“反腐败”概念的法律解读。它界定了反腐败的责任主体和具体内容，基于全社会广泛参与的要求，主体适度扩大为覆盖面较广的国家机关、企事业单位、社会团体、商业组织或自然人，内容上强调在主体权限范围内分别实施和配合，借鉴各国通例并结合我国需要，根据行为性质不同划分为“预防、惩治腐败以及消除腐败后果、促进反腐国际合作”四方面行为。

理由：

“反腐败”概念的内涵和外延直接影响着《反腐败法》立法的内容选择。

从反腐败工作展开的过程来看，主要包括事前的预防、事中的惩治、事后的消除后果三个方面。《俄罗斯联邦反腐败法》就将“反腐败”分为“预防腐败、打击腐败、腐败后果的最小化或消除”三个方面。然而，随着全球化的发展，国际间反腐败的合作也成为反腐败工作的重点，尤其是《联合国反腐败公约》得到成员国签署后。由此，“反腐败”在外延上也就包括了“预防腐败、惩治腐败、消除腐败后果、促进反腐国际合作”四个方面的内容。针对这四个方面的反腐败面向，国外关于反腐败的立法，在内容上也多呈现出“预防腐败、惩治腐败、消除腐败后果、促进反腐国际合作”的结构，比如《乌克兰预防和惩治腐败法》《越南反腐败法》《白俄罗斯共和国反腐败法》等。这样的立法框架和内容上的安排具有较为严密的逻辑体系，本建议稿也是在反腐败的“预防腐败、惩治腐败、消除腐败后果、促进反腐国际合作”的体例下进行了法条的拟定。

反腐败作为对党和国家机关内腐败行为进行预防 、打击的行为，具体是由以政党主导、国家机关开展的，因此，国家机关在反腐败中处以一种主导地位。但在反腐败的过程中，国家机关并不是唯一的实施主体，还有来自企业及事业单位、社会团体、商业组织或自然人的社会或者人民群众的力量，就现实来看，当今中国，在以政党主导、国家权力部门执行和社会参与的反腐倡廉体系中，社会参与反腐败具有深厚的理论依据、现实法律依据和政策依据。同时，在政党主导反腐败、权力执行反腐败体系之外，社会参与反腐败不仅具有独特的作用，也是反腐倡廉的力量之一 ，更是国家反腐倡廉体系不可或缺的组成部分。 一方面在于具体的反腐败事实中，人民群众以及社会力量确实发挥了巨大的作用，另一方面人民群众以及社会力量参与反腐也有着深厚的法律依据。

我国《宪法》第二条第三款规定“人民依照法律规定，通过各种途径和形式，管理国家事务，管理经济和文化事业，管理社会事务”，第四十一条第一款也明确规定“中华人民共和国公民对于任何国家机关和国家工作人员，有提出批评和建议的权利；对于任何国家机关和国家工作人员的违法失职行为，有向有关国家机关提出申诉、控告或者检举的权利……”，可见，参与反腐败这项国家事务是《宪法》赋予的权利。

在具体的实践中，反腐败的社会参与和群众参与主要体现在企事业单位、社会团体、商业组织或自然人的参与上。当然，国有企业、事业单位实施地反腐败行为，主要还是体现政党主导、内部实施特色，因为它们在性质上具有一定的行政性。

立法例：

《俄罗斯联邦反腐败法》第一条：“反腐败是联邦国家权力机关、俄罗斯联邦各主体的国家权力机关、地方自治机关、民间团体机构、组织和自然人在其权限范围内实施的下列活动：a. 预防腐败，其中包括揭露及随后消除腐败的原因（预防腐败）；b. 揭露、预防、阻断、侦破、调查腐败违法行为（打击腐败）；c. 使腐败违法行为的后果最小化和（或）消除其后果。”

《联合国反腐败公约》第十三条：“社会参与：一、各缔约国均应当根据本国法律的基本原则在其力所能及的范围内采取适当措施，推动公共部门以外的个人和团体，例如民间团体、非政府组织和社区组织等，积极参与预防和打击腐败，并提高公众对腐败的存在、根源、严重性及其所构成的威胁的认识。这种参与应当通过下列措施予以加强：（一）提高决策过程的透明度，并促进公众在决策过程中发挥作用；（二）确保公众有获得信息的有效渠道；（三）开展有助于不容忍腐败的公众宣传活动，以及包括中小学和大学课程在内的公共教育方案；（四）尊重、促进和保护有关腐败的信息的查找、接收、公布和传播的自由。这种自由可以受到某些限制，但是这种限制应当仅限于法律有规定而且也有必要的下列情形：1. 尊重他人的权利或者名誉；2. 维护国家安全或公共秩序，或者维护公共卫生或公共道德。二、各缔约国均应当采取适当的措施，确保公众知悉本公约提到的相关的反腐败机构，并应当酌情提供途径，以便以包括匿名举报在内的方式向这些机构举报可能被视为构成根据本公约确立的犯罪的事件。”

第四条 腐败治理应坚持法治原则，采取标本兼治、综合治理、惩防并举、注重预防的方针，重点加强权力监督，防止利益冲突，防控腐败源头，采取多元化措施确保腐败的不可脱逃性，依靠群众，积极推动社会参与和清廉文化教育。

说明：

本条是对反腐败基本原则的规定，是贯穿整个反腐败工作之中的普遍性要求。本原则的制定一方面借鉴了国际通行的反腐败基本原则如法治原则、加强权力监督、防止利益冲突、防控腐败源头等，另一方面也注重总结我国反腐败工作的成功经验，如反腐败坚持标本兼治、综合治理、惩防并举、注重预防的方针，同时，走群众路线，依靠群众，积极推动社会参与和清廉文化教育。

理由：

法律原则是用来证立、整合及说明众多具体规则与法律适用活动的普遍性规范，它是众多法律规则之基础或本源的综合性、稳定性的原理和准则，因此，在反腐败立法中确立反腐败的原则可以提挈整部反腐败法的“核心”和出发点，也能为反腐败工作的具体展开提供理论上的指导。

中共十八大提出了法治中国的建设目标，十八届四中全会更是将依法治国提升到了国家战略层面，因此，腐败的治理必须坚持法治原则，在法治框架之下进行。而在具体的方针上，要坚持标本兼治、综合治理、惩防并举、注重预防的方针，这是腐败治理的总风向标，是科学治理腐败的总体指引。在反腐败的具体实施中要注重加强权力的监督，英国历史学家阿克顿勋爵有句名言说：“权力导致腐败，绝对的权力导致绝对的腐败。”因此权力的监督是反腐败工作，尤其是预防腐败的关键，也是实现从源头防控腐败的主要手段。除了权力监督外，防止利益冲突也是防治腐败的重点，事实告诉我们，腐败的表现多是以权谋私，利用公职为自己或他人获取利益，在本质上就是个人利益超越了国家或者公共利益，因此，防止利益冲突是有效预防腐败的关键，能够从制度上防止利益冲突的，无疑可以使国家公职人员避免面对利益的抉择，使他们难以产生腐败的动机。对此，很多的国家专门就避免利益冲突制定了相应的法律，比如《格鲁吉亚公共服务中利益冲突与腐败法》《加拿大利益冲突法》等，也有的国家在反腐败法中专门设立防止利益冲突的条款，比如《俄罗斯联邦反腐败法》《白俄罗斯共和国反腐败法》等。当然，最重要的一定就是，在腐败的事后惩治上要确保腐败的不可脱逃性。有权力必须合法履行职责，否则就要承担相应的责任，腐败也不例外，“法网恢恢，疏而不漏”方能一方面惩治腐败人员，另一方面震慑那些意欲腐败的人。

在反腐败中，群众的力量不可忽视，治理腐败离不开群众，要积极推动社会参与。毕竟，反腐败的直接或间接目的就在于谋求公众的利益，保证国家公职人员为公众服务的宗旨。从国外的立法例看，公众参与也是重要的反腐败力量，《乌克兰预防和惩治腐败法》就专门在第三章规定了“公众参与预防和惩治腐败的措施”，其他国家也在各自的反腐败立法中对公众的检举权作了规定。《联合国反腐败公约》也将社会参与单独作为一条进行规定，可见社会参与在反腐败中是不可忽略的部分，不仅是公众对国家公职人员的一种监督权的体现，也是弘扬廉政风气，推动社会清廉文化的有效措施。

立法例：

《俄罗斯联邦反腐败法》第三条反腐败的基本原则规定：“在俄罗斯联邦，反腐败以下列基本原则为基础：1. 承认、保障并保护人与公民的基本权利。2. 法制。3. 国家机关和地方自治机关活动的公开性与开放性。4. 实施腐败行为责任不可避免性原则。5. 综合运用政治措施、组织措施、信息宣传措施、社会经济措施、法律措施、特别措施及其他措施。6. 优先适用腐败预防措施。7. 国家跟民间团体机构、国际组织和自然人合作。”

《哈萨克斯坦共和国反腐败法》第五条：“反腐败斗争的基本原则：1. 法律和法庭面前人人平等；2. 保障国家机关工作有法可依、依法行政、公开行政，保障国家和社会对其的监督；3. 完善国家机关的结构、组织人事工作以及自然人和法人合法权益问题的解决程序；4. 优先捍卫自然人和法人，以及国家的社会经济、政法和组织管理系统的合法权益；5. 根据哈萨克斯坦共和国宪法第三十九条第一款的规定，允许限制官员、公家公职人员及其同等人员的权利和自由；6. 恢复自然人和法人被侵犯的合法权益，消除和预防腐败性违法行为的有害后果；7. 保障协助打击腐败公民的人身安全；8. 国家保护国家公职人员及其同等人员的合法权益，规定上述人员的 工资（薪酬）和待遇，保障上述人员及其家庭的生活水平；9. 不可将国家对经营行为的调控权及监督权让度与从事此种活动的自然人和法人；10. 开展刑事侦查和其他活动，以查明、揭露、制止和预防涉嫌腐败的犯罪，按照法定程序采取专门财务监督措施防止将非法所得钱款和其他财物合法化；11. 除法律规定的职责外，禁止本法第三条第一、二、三款所述人员从事经营活动，包括在经营实体管理机关中担任任何有酬职务。”

第五条 行政监察机关、国家预防腐败局和检察机关负责国家反腐败的实施。中国共产党纪律检查委员会负责中国共产党党内反腐败的实施。各反腐机关在其职权范围内，分工协作、相互配合，确保反腐机制的有效运行。

说明：

本条是关于反腐败具体实施主体的规定。考虑到我国反腐败工作的具体国情和现实状况，主要由中国共产党纪律检查委员会、国家监察机关、预防腐败局和检察机关负责。各反腐机关应当在其职权范围内，分工协作、相互配合，确保反腐机制的有效运行。

理由：

目前，我国实行的是“以政党主导、国家权力部门执行和社会参与”的反腐倡廉体系，中国共产党纪律检查委员会是党内预防与惩治腐败的专门机关，而国家监察机关、预防腐败局和检察机关是国家层面的预防与惩治腐败的专门机关：监察机关依法对国家行政机关、国家公务员以及国家行政机关任命的其他人员实施监察；预防腐败局负责全国预防腐败工作的组织协调、综合规划、政策制定、检查指导，协调指导企业、事业单位，社会团体、中介机构和其他社会组织的防治腐败工作，负责预防腐败的国际合作和国际援助；检察机关则负责追究刑事责任，提起公诉和实施法律监督。

可见，中国共产党纪律检查委员会、国家监察机关、预防腐败局和检察机关是在不同的领域，基于不同的职责进行反腐败工作。为保证反腐机制的有效运行，各反腐机关必须在其职权范围内，分工协作、相互配合。关于这一点，许多国家在反腐败立法中也都确立了相应地职责分工和协作机制，如《俄罗斯联邦反腐败法》就明确规定，“联邦国家权力机关、俄罗斯联邦各主体国家权力机关和地方自治机关在各自职权范围内实施反腐败行动”；同时为保证反腐败工作的协调一致，《俄罗斯联邦反腐败法》还组织法的角度赋予总统组建“反腐败行动协调机构”；《白俄罗斯共和国反腐败法》也规定了，“实施反腐败的国家机关独立或者与其他国家机关和机构之间互相配合，以及在白俄罗斯共和国公民的协助下解决其担负的任务”，并且在第七、八、九条对反腐机构的职权作了规定，而在第十、十一、十三条中确立了反腐机关的协调机制。

立法例：

《俄罗斯联邦反腐败法》第五条反腐败的组织基础规定：“1. 俄罗斯联邦总统：（1）确定反腐败领域国家政策的主要方针；（2）确定由总统领导的各联邦权力执行机关在反腐败领域中的职权。2. 俄罗斯联邦会议负责制定并通过反腐败方面的联邦法律，同时对权力执行机关在各自职权范围内的活动实施监督。3. 俄罗斯联邦政府负责划分其下辖各联邦权力执行机关在反腐败方面的职能。4. 联邦国家权力机关、俄罗斯联邦各主体国家权力机关和地方自治机关在各自职权范围内实施反腐败行动。5. 为协调联邦权力执行机关、俄罗斯联邦各主体权力执行机关和地方自治机关在实施国家反腐败政策上的行动，根据俄罗斯联邦总统的决定，可组建由联邦国家权力机关、俄罗斯联邦各主体国家权力机关的代表和其他人员参加的机构（以下简称反腐败行动协调机构）。为执行反腐败行动协调机构的决定，可起草俄罗斯联邦总统命令、指令和委托草案以及俄罗斯联邦政府决定、指令和委托草案，并按规定程序分别报请俄罗斯联邦总统和俄罗斯联邦政府批准，同时，派代表加入相应反腐败行动协调机构的联邦国家权力机关和俄罗斯联邦各主体国家权力机关，可发布联合署名文件（合署文件）。反腐败行动协调机构在获取腐败违法行为正在实施的信息时，应当将所获信息呈送有权核验这些信息且有权根据核验结果依法定程序作出决定的相关国家机关。6. 俄罗斯联邦总检察长及其下属的检察官在各自的职权范围内负责协调俄罗斯联邦内务机关、联邦国家安全机关、俄罗斯联邦海关及其他护法机关打击腐败的行动，并在反腐败领域履行联邦法律规定的其他职权。7. 俄罗斯联邦审计院根据 1995 年 1 月 11 日第 4 号联邦法即《俄罗斯联邦审计院法》，在职权范围内保障反腐败行动的实施。”

《白俄罗斯共和国反腐败法》第六条：“实施反腐败的国家机关：反腐败检察机关、内务机关和国家安全机关实施。实施反腐败的国家机关独立或者与其他国家机关和机构之间互相配合，以及在白俄罗斯共和国公民的协助下解决其担负的任务。”

第六条　中国共产党的各级纪律检查委员会是党内预防与惩治腐败的专门机关。中央纪委在中央委员会领导下，党的地方各级纪委和基层纪委在同级党委和上级纪委领导下，重点对党的各级领导机关和领导干部的廉洁自律和党风廉政建设的情况进行监督，对违反党内廉洁纪律与规矩的行为给予党内惩治。

监察机关是行政领域内预防和惩治腐败的专门机关，依法对国家行政机关及其公务员和国家行政机关任命的其他人员进行廉政监察，对违反廉政纪律的行为进行调查处理，追究行政纪律责任。国务院监察部主管全国的监察工作。县级以上地方各级人民政府监察机关负责本行政区域内的监察工作，对本级人民政府和上一级监察机关负责并报告工作。

说明：

这一条是对中国共产党的各级纪律检查委员会以及国家监察机关在反腐败领域中的职责规定。根据工作分工，中国共产党的各级纪律检查委员会负责党内的反腐败工作，国家监察机关则负责国家行政领域的反腐败工作。

理由：

我国实行的是“以政党主导、国家权力部门执行和社会参与”的反腐倡廉体系，在全国的反腐败工作中，中国共产党党内和国家部门是两个主要领域。中国共产党各级纪律检查委员会在国家反腐败工作中起到了重要的作用，因为在国家的各个机关以及企事业单位中，绝大多数的职位都由中国共产党党员担任。但我国目前实行的是党政分开的体制机制，中国共产党的各级纪律检查委员会只是党内预防与惩治腐败的专门机关。《中国共产党章程》对各级纪律检查委员会的党内职责作了详细的规定，本条款是在《中国共产党章程》对各级纪律检查委员会的党内职责的规定下作的总括性规定，具体参见《中国共产党章程》。

监察机关则是行政领域内预防和惩治腐败的专门机关。《中华人民共和国行政监察法》第二条规定："监察机关是人民政府行使监察职能的机关。"根据这一规定，行政监察机关隶属于各级人民政府，是各级人民政府行使监察职能的机关，是管理行政监察事务的行政机关。行政监察工作应当在国务院及地方各级人民政府的领导和管理下进行。和上一款一样，本款的规定也是在《中华人民共和国行政监察法》的规定下，对监察机关职责的总括性规定，其具体的职责内容在《中华人民共和国行政监察法》有详细的规定。

立法例：

《中华人民共和国行政监察法》第二条："监察机关是人民政府行使监察职能的机关，依照本法对国家行政机关及其公务员和国家行政机关任命的其他人员实施监察。"

第七条 国家预防腐败局属国务院直属机构，负责预防腐败工作，具体包括：

（一）负责全国预防腐败工作的组织协调、综合规划、政策制定、检查指导；

（二）协调指导企业、事业单位，社会团体、中介机构和其他社会组织的防治腐败工作；

（三）负责对法律法规及其草案进行反腐败审查，对助长腐败行为的立法提出删除建议；

（四）负责预防腐败的国际合作和国际援助。

说明:

本条是关于国家预防腐败局在反腐败中的职责规定。为保障《联合国反腐败公约》的预防腐败机构的独立性和专门性要求，国家成立国家预防腐败局，并作为国务院直属机构，以实现预防腐败工作的法制化、规范化，加大预防腐败工作力度，适应开展反腐败国际合作的需要。

理由:

2005年我国签署加入了《联合国反腐败公约》。《联合国反腐败公约》第六条明确规定，各缔约国均应当根据本国法律制度的基本原则，"确保设有一个或酌情设有多个机构"以预防腐败，并赋予这些机构"必要的独立性"，以及"必要的物资和专职工作人员"。为履行《联合国反腐败公约》课予的义务，我国在2007年正式成立国家预防腐败局，属国务院直属机构，各地方也相应地建立了预防腐败机构。

国家预防腐败局的职责在于预防腐败的发生，作为全国预防腐败工作的总机构，它负责全国预防腐败工作的组织协调、综合规划、政策制定、检查指导，并且协调指导企业、事业单位，社会团体、中介机构和其他社会组织的防治腐败工作。当然，加强反腐败工作的国家协作也成为各国反腐工作的重要组成部分，也是《联合国反腐败公约》所课予的义务，《联合国反腐败公约》第六条就规定了"各缔约国均应当将可以协助其他缔约国制订和实施具体的预防腐败措施的机关的名称和地址通知联合国秘书长"，作为我国重要的反腐机构，国家预防腐败局负责预防腐败的国际合作和国际援助。

立法例:

《联合国反腐败公约》第六条预防性反腐败机构规定:"一、各缔约国均应当根据本国法律制度的基本原则，确保设有一个或酌情设有多个机构通过诸如下列措施预防腐败：（一）实施本公约第五条所述政策，并在适当情况下对这些政策的实施进行监督和协调；（二）积累和传播预防腐败的知识。二、各缔约国均应当根据本国法律制度的基本原则，赋予本条第一款所述机构必要的独立性，使其能够有效地履行职能和免受任何不正当的影响。各缔约国均应当提供必要的物资和专职工作人员，并为这些工作人员履行职能提供必要的培训。”

第八条 检察机关是国家法律监督机关，行使国家检察权，负责腐败犯罪的刑事追诉工作，具体包括：

（一）对于直接受理的腐败刑事案件，进行侦查；

（二）对腐败案件提起公诉，支持公诉；

（三）对人民法院审判活动是否合法，进行监督；

（四）受理腐败犯罪的举报；

（五）对腐败犯罪预防进行研究并提出预防对策和检察建议；

（六）负责腐败犯罪的法治宣传工作；

（七）其他由检察机关负责的反腐工作。

最高人民检察院领导地方各级人民检察院和专门人民检察院的工作，上级人民检察院领导下级人民检察院的工作。

说明：

本条是关于腐败犯罪的刑事追诉主体及其权限的规定。本条根据我国法律的相关规定而确定，明确司法追诉腐败犯罪的主体是各级检察机关，并明确其权限上包括立案权、侦查权、起诉权、监督权、对策建议权、反腐法治宣传权。

理由：

在我国，反腐一直是检察机关自侦案件的传统领域，因此，围绕反腐所进行的立案、侦查、起诉由检察机关负责。同时，检察机关又是我国传统的监督机关之一，因此，受理腐败犯罪的举报、监督日常的腐败处理合理、便捷、高效。此外，检察机关是重要的国家司法形象代表之一，因此，反腐法治宣传权能够有效的维护这一形象。

立法例：

《俄罗斯联邦反腐败法》第五条："……6. 俄罗斯联邦总检察长及其下属的检察员在其职权范围内协调俄罗斯联邦内务部机关、联邦安全局机关、俄罗斯联邦海关及其他反腐败执法机关的活动以及在反腐败领域实施联邦法律规定的其他职权。"

《越南反腐败法》第八条："监察、调查机关，检察院、法院在自己职能、职责、权限范围内有责任配合各单位、组织察觉贪污腐败行为，处理贪污腐败者，并对自己在监察、调查、起诉、审理贪污腐败事件过程中所作的结论、决定负法律责任。"

第九条 全国人大及其常委会、中国人民银行、财政部、审计署、国家税务总局、海关总署及其地方机构，以及其他国家机关在其职权范围内依法参与反腐活动。

说明：

本条是对专门反腐机关以外的其他参与反腐活动密切相关的、需以职权配合的国家机关作出的规定。明确了其他国家机关应当在法律框架下依照职权对腐败行为进行防治的职责要求。

理由：

行政主体的不合理、不适格，直接影响行政行为的效果与效力。当前腐败行为通常采取秘密化、多元化的运作方式加以实施，呈现出覆盖领域广、渗透面积大的特点，并具有很高的专业化特性。设置专门反腐机关对腐败行为采取专项防治的方式，虽然可以对腐败行为进行遏制，减少腐败滋生。但是，对于采取专业技术的具体腐败行为，则缺少有效的监控，难以做到合理、有效的防治腐败。因此，有必要进一步对参与反腐活动的国家机关主体加以补充。此外，由于反腐行为通常以国家强制力作为手段，具有公权力属性，因此，应对参与反腐活动的国家机关从法律层面赋予其反腐主体资格，保证参与反腐活动的国家机关主体适格，确保法律效力。

依据《联合国反腐败公约》“腐败已经不再是局部问题”的基本观点，根据《宪法》确认的我国民主集中制和我国行政机构设置体系，并借鉴《白俄罗斯反腐败法》等国的多部门预防腐败的立法技术，对参与反腐活动的国家机关作出以下规定：明确了全国人大及其常委会对反腐活动的防治具有权力与责任，通过其最高权力机关的地位可以有效地协同多部门对腐败行为展开防治。同时，由于中国人民银行、财政部、审计署、国家税务总局、海关总署均属于国务院职能部门，具有独立的行政管理职能，并且对财产均具有专门的审查监督行政职权。将其纳入反腐活动的参与主体，通过依法行使特定职权，加强了对腐败行为的监管，提高了反腐活动对特定问题的审查能力，完善了反腐的机构设置，确保了反腐活动的法治化推进。

立法例：

《中华人民共和国宪法》第二条："中华人民共和国的一切权力属于人民。人民行使国家权力的机关是全国人民代表大会和地方各级人民代表大会。人民依照法律规定，通过各种途径和形式，管理国家事务，管理经济和文化事业，管理社会事务。"

《联合国反腐败公约》序言："确信腐败已经不再是局部问题，而是一种影响所有社会和经济的跨国现象，因此，开展国际合作预防和控制腐败是至关重要的。"第五条预防性反腐败政策和做法："缔约国均应当根据本国法律制度的基本原则，酌情彼此协作并同有关国际组织和区域组织协作，以促进和制订本条所述措施。这种协作可以包括参与各种预防腐败的国际方案和项目。"

《白俄罗斯反腐败法》第九条："白俄罗斯共和国国家监督委员会及其机关、白俄罗斯共和国国家海关委员会及白俄罗斯各海关、白俄罗斯共和国边防部队国家委员会及白俄罗斯共和国边防部队、白俄罗斯共和国税务税收部及税务税收稽查机关，白俄罗斯共和国财政部及其地方财政机关、白俄罗斯共和国国家银行、其他银行及非银行财政信贷机构，以及其他国家机关和机构在职权范围内依照白俄罗斯共和国法律规定参与反腐败活动。"

《越南反腐败法》第九条："政府组织、指导、检查各级、各行业实施防范、打击贪污腐败工作。各部、部级机关、政府下属机关、各级人民委员会在自己职能、职责、权限范围内组织、指导、检查本部委、机关、地方的防范、打击贪污腐败工作。"

《乌克兰预防和惩治腐败法》第三条："……2. 国家权力机关在法律法

规规定的权限内采取或参与执法预防和惩治腐败工作。3. 乌克兰政府内阁负责协调和监督行政机关的预防和惩治腐败工作。”

《国务院行政机构设置和编制管理条例》第六条第一至四款：“国务院行政机构根据职能分为国务院办公厅、国务院组成部门、国务院直属机构、国务院办事机构、国务院组成部门管理的国家行政机构和国务院议事协调机构。国务院办公厅协助国务院领导处理国务院日常工作。国务院组成部门依法分别履行国务院基本的行政管理职能。国务院组成部门包括各部、各委 员会、中国人民银行和审计署。国务院直属机构主管国务院的某项专门业务，具有独立的行政管理职能。”

《浙江省预防职务犯罪条例》第五条第一款：“预防职务犯罪工作实行国家机关、国有公司、企业、事业单位、人民团体各负其责，社会共同参与的工作机制。”

《珠海经济特区预防腐败条例》第五条第一款：“预防腐败工作实行由市预防腐败局组织协调、部门各负其责、群众支持参与的工作机制。”

《江苏省预防职务犯罪条例》第五条：“建立健全预防职务犯罪领导体制和工作机制。省、设区的市、县（市、区）预防职务犯罪协调机构负责指导、协调本行政区域内的预防职务犯罪工作。县级以上地方各级人民检察院负责预防职务犯罪协调机构的日常工作。国家机关、人民团体和国有公司、企业、事业单位在各自职责范围内开展预防职务犯罪工作。”

第十条 任何国家机关、事业单位、社会团体、商业组织或自然人，均有义务向实施或参与反腐败的国家机关提供证明腐败事实的信息及相关协助。对于反腐机关所查询的涉及反腐的信息、文件及其他材料，应当立即提供。若无法立即提供的，则应在3日内提供。

涉及国家秘密、商业秘密或其他法律所保护的秘密信息和文件的，依照法律规定的程序提供。

说明：

本条包括两部分内容：一是，关于国家机关、事业单位、社会团体、商业组织或自然人在反腐败中协助义务的规定；二是，反腐败中涉及保密内容的特殊程序规定。根据本条规定，国家机关、事业单位、社会团体、商业组织或自然人在反腐败中有普遍的协助义务。同时，在涉及国家秘密、商业秘密等时应按照规定的特殊程序有保密义务，防止泄密。

理由：

反腐败案件事实的复杂性可能使得反腐败机关没有能力在短时间内独自、妥当、高效地处理涉案的事实，这时候就需要相关主体进行协助。一般而言，当某一反腐败机关独立行使职权不能完成行政任务、目的，或是不能自行调查、取得所需事实资料，或者执行公务所需资料为其他机关、自然人所掌握的而自己难以获得的时候，就需要它们的协助。当然，在这一过程中涉及国家秘密、商业秘密等，需要给予特殊保护时应当按照规定的程序给予相应的保护。

立法例：

《新加坡防止腐败法》第二十一条："1. ……（c）在检察官有正当理由相信对调查有帮助时，要求他人进行宣誓之书面陈述，列举出属于行为人的所有动产和不动产。（d）要求所得税审计官提供通知中所指定的提供给该审计官的，与该行为人本人、其配偶或子女有关的所有信息，并提供通知中所指定的，该审计官所有的或处于该审计官控制之下的，与该行为人本人、其配偶或子女有关的文件或经验证的文件副本。（e）要求部门、科室或政府机构主管人员、公众团体的总经理、主任、经历或行政主管，提供通知中所指定的，其所有的或在其控制之下的任何文件或经验证的文件副本。”

《越南反腐败法》第六条：“公民有权利和义务察觉、检举贪污腐败行为，参与防范和打击贪污腐败行为，参与防范和打击贪污腐败工作。”

第二章　腐败预防

第十一条　预防腐败坚持教育、制度、监督并重的原则。实行内部预防、专门预防和社会预防相结合。

说明：

本条确立了预防腐败的基本原则，明确教育、制度、监督并重作为预防基本原则的内涵，并对预防反腐的防治方式提出了明确的规定。

理由：

当前，中国的反腐从“运动反腐”“权力反腐”转入“制度反腐”的阶段。“制度反腐”的构建，不仅要求科学构建反腐的事后惩罚体系，同时要对腐败加以科学、有效的事前预防。构建预防腐败制度，一方面弥补反腐惩罚体系的滞后性带来的监管空缺，另一方面有效地从源头上遏制腐败的发生。由于法律原则是其他具体法律要素基础和本源的综合性原理和出发点，考虑到预防腐败制度在防治腐败中的重要性，有必要对预防腐败做基本原则的设定。

根据中共中央十八届三中全会通过的《中国中央关于全面深化改革若干重大问题的决定》对构建预防腐败体系制度的要求，本法明确将教育、制度与监督并重作为预防腐败制度的基本原则内涵。此种设定主要基于腐败主体的特殊性加以设定。由于腐败实施主体为公职人员，主体的特殊性导致腐败行为直接作用于公权力，影响公权力的权威，降低公权力的社会评价，对国家发展有着不可逆的损害。因此，应对其造成或可能造成的危害进行全面防治。教育、制度和监督并重的基本原则确立，能够提高公职人员的守法意识，从根源上加以防治。同时加强制度构建，发挥法律规范的威慑与教育作用，使行为人认识到腐败行为的法律后果从而慎行。预防监督则深化了行政执法机关的监督作用，及时发现腐败漏洞，弥补反腐治理的缺漏。本条的立法语言采取《建立健全教育、制度、监督并重的惩治和预防腐败体系实施纲要》中关于预防腐败的表述，保持了国家法律与党的政策协同一致。此外，腐败行为的特殊性，使得单一预防模式难以有效防治腐败。行政机关应建立内部预防、专门预防和社会预防的多元防治方式。由于本法性质为反腐败基础性法律，是具体法律、法规、规章以及其他规范性文件制定的基础，因此有必要将预防腐败的多元防治方式加以明晰。

立法例：

《浙江省预防职务犯罪条例》第四条："预防职务犯罪工作贯彻标本兼治、综合治理、惩防并举、注重预防的方针，坚持教育、制度、监督并重和内部预防、专门预防、社会预防相结合的原则。"

《江苏省预防职务犯罪条例》第四条："预防职务犯罪应当贯彻标本兼治、综合治理、惩防并举、注重预防的方针，坚持教育、制度、监督并重，坚持单位内部预防、职能机关专门预防和社会预防相结合。"

《汕头经济特区预防腐败条例》第六条："预防腐败工作贯彻标本兼治、

综合治理、惩防并举、注重预防的方针，坚持教育、制度、监督并重的原则，构建内部预防、专门预防、社会预防相结合的防范体系。”

《珠海经济特区预防腐败条例》第四条：“预防腐败工作贯彻标本兼治、综合治理、惩防并举、注重预防的方针，坚持教育、制度、监督并重，内部预防、专门预防和社会预防相结合的原则。”

第十二条 预防腐败工作实行国家机关、国有公司、企业、事业单位、人民团体及有关单位各负其责、公民和社会各界共同参与的工作机制。

各级人民代表大会及其常务委员会依法对预防腐败工作进行监督。人民政府、人民法院和人民检察院应当定期向同级人民代表大会常务委员会报告开展预防腐败工作的情况。

文化、广播、电视电影、新闻出版等部门应当按照各自职责，面向社会公众，开展预防腐败宣传教育。

保障公民依法行使民主监督权利，畅通民主监督渠道。鼓励和引导运用信息网络及其他方式开展预防腐败工作。

说明：

本条明确了预防腐败工作中各职能主体的协同机制与公众参与制度，并对部分行政机关、职能部门提出预防腐败的具体要求。确立了公民在预防腐败的社会监督地位。

理由：

根据《联合国反腐败公约》对腐败形势的判断以及我国腐败的现状表明，单一行政机关防治腐败难以有效的预防和打击腐败行为。腐败的防治应采用行政机关协同机制并确保公众参与。行政协同是行政职能主体通过互动的方式、共同努力以实现既定目标或协定目标的过程、作用方式和程序。通过采取综合化、多部门的行政协同，弥补单一行政机关反腐的局限性。公众参与制度则赋予了公民、法人、其他组织在行政管理中参与的权利，从行政行为的对象转为具体的行政管理参与人。由于腐败程度直接影响着公民权利的行使和社会的稳定，将行政机关以外的公民、法人和其他组织纳入预防腐败的体系中，体现了行政程序正当原则与宪法的人民主权原则，并且有助于增强对腐败行为的监督，保障预防腐败制度的主体完善。

本条的具体制定，采用了国际上将行政协同与公众纳入腐败活动的主流观点，如《联合国反腐败公约》关于“推动公共部门以外的个人和团体，例如民间团体、非政府组织和社区组织等，积极参与预防和打击腐败”的规定;《坦桑尼亚预防与打击腐败法》关于“预防与打击腐败局应与国内的执法机构和其他国家级调查或起诉机关建立并保持一种协同、协商和合作制度”的规定等，确保预防腐败制度主体的完善。对于具体主体职责的分工，由于部分地方性法规已制定并取得了一定的效果，因此参考了我国部分地方性法规，如《浙江省预防职务犯罪条例》《山西省预防职务犯罪工作条例》《云南省预防职务犯罪工作条例》《珠海经济特区预防腐败条例》等规定。行政协同、公众参与制度的确认，确保民主监督渠道的畅通，形成行政机关的主动介入，司法、舆论与民众的共同监督的防治模式。

立法例：

《联合国反腐败公约》第十三条：“ 一、各缔约国均应当根据本国法律的基本原则在其力所能及的范围内采取适当措施，推动公共部门以外的个人和团体，例如民间团体、非政府组织和社区组织等，积极参与预防和打击腐败，并提高公众对腐败的存在、根源、严重性及其所构成的威胁的认识。这种参与应当通过下列措施予以加强：（一）提高决策过程的透明度，并促进公众在决策过程中发挥作用；（二）确保公众有获得信息的有效渠道；（三）开展有助于不容忍腐败的公众宣传活动，以及包括中小学和大学课程在内的公共教育方案。”

《乌克兰预防和惩治腐败法》第十五条：“1. 公民团体及其成员或全权代表以及公民个人在预防、发现和调查腐败违法行为中（法律规定由反腐败专门机构管辖的除外）可以：（1）在法律规定的授权范围内参与发现腐败违法行为和确定犯罪行为人；（2）将发现的腐败违法事实报告本法第三条所指的反腐败专门机构、其他机关、违法活动所在的企事业单位或其领导，或告知媒体；（3）按规定程序到国家机关和地方自治机关查询和获取预防和惩治腐败的信息；（4）组织对法律法规文件进行社会性反腐败审查并根据审查结果向有关国家机关或地方自治机关提出建议；（5）参加预防和长发腐败问题的议会公开听证；（6）向具有立法建议权的主体提出修订预防和惩治腐败领域法律的建议；（7）就预防和惩治腐败问题进行调查研究、包括科研调查、社会调查等；（8）就预防和惩治腐败问题向公民通报；（9）在不违反现行法律的情况下，采用各种形式，对预防和惩治腐败的法律遵守情况进行社会监督。”

《坦桑尼亚预防与打击腐败法》第四十五条：“预防与打击腐败局应与国内的执法机构和其他国家级调查或起诉机关建立并保持一种协同、协商和合作制度。”第四十六条（b）款：“鼓励私营部门举报本法规定的犯罪行为的制度。”

《乌拉圭反对滥用公共职权法》第六条：“根据顾问委员会的建议，政府定期做有关公共透明度、公务员的职责以及妨碍公务的犯罪行为和公民监督机制方面的宣传。”

《浙江省预防职务犯罪条例》第十四条：“司法行政、文化、新闻出版、广播电视等部门，应当开展预防职务犯罪的法制宣传教育活动。有关部门和干部培训院校在国家工作人员任职培训时，应当将预防职务犯罪教育列为培训内容。审判机关、检察机关、公安机关和司法行政部门通过对职务犯罪案件的侦查、起诉、审判和执行活动，对国家工作人员和其他公民进行法制宣传和警示教育。”第十五条：“新闻媒体依法对预防职务犯罪工作和国家工作人员履行职务的情况进行舆论监督。”

《山西省预防职务犯罪工作条例》第六条：“预防职务犯罪工作实行国家机关、国有公司、企业、事业单位、人民团体及有关单位各负其责、相互配合，公民和社会各界共同参与的工作机制。”

《云南省预防职务犯罪工作条例》第五条第一款：“预防职务犯罪工作实行国家机关、国有企业、事业单位、人民团体各负其责，各职能部门协调配合，社会各界共同参与的工作机制。”

《珠海经济特区预防腐败条例》第五条：“预防腐败工作实行由市预防腐败局组织协调、部门各负其责、群众支持参与的工作机制。区人民政府、横琴新区和经济功能区管理机构的预防腐败职责由其监察部门负责。市预防腐败局和区人民政府、横琴新区和经济功能区管理机构的监察部门统称预防腐败部门。”第四十五条：“市、区人民政府和审判机关、检察机关应当向同级人民代表大会及其常务委员会报告预防腐败工作情况，接受监督。”

第十三条　国家机关、国有公司、企业、事业单位、人民团体应当依照其职责做好下列腐败预防具体工作：

（一）坚持和落实警示教育、述职述廉评议、审计监督、任职回避等与预防腐败有关的制度；

（二）制定预防腐败工作方案，建立健全工作制度，落实预防措施，通报工作情况，交流工作信息；

（三）坚持和完善预防腐败教育制度，对本单位工作人员经常进行法制、纪律、道德教育，提高遵纪守法意识；

（四）对易发职务犯罪岗位的工作人员定期交流或者轮岗；

（五）选拔任用领导干部和重点岗位工作人员应当严格按照程序和条件进行，采取查询行贿受贿犯罪档案等方式，对被选拔的人员进行廉政考评，建立考评责任制，对考评失察的要追究责任；

（六）发现职务犯罪隐患要及时采取措施，进行提醒和诫勉谈话；

（七）接受职务犯罪领导机构及其办事机构的监督、指导，如实提供有关情况和资料。

说明：

本条是对第十二条关于预防腐败中的国家机关、国有公司、企业、事业单位、人民团体的具体职责作出进一步明晰，规定了相关主体的履行义务。

理由：

反腐败法作为防治法，具有行政法属性。应遵循“法无授权即禁止”的合法性原则。明确反腐主体具体职责与义务，有助于预防反腐工作的开展。

条款依照《联合国反腐败公约》“提倡廉正、问责制和对公共事务和公共财产的妥善管理”的理念，结合我国国情并参考我国部分地方性法规的规定，对参与反腐活动的主体的权责与义务加以设定。一方面，强调预防腐败的教育原则，落实预防教育制度，增加公职人员的守法意识，从思想上预防腐败行为的发生。这一内容体现在条款的（一）、（三）款。另一方面，制定外部预防腐败法律监管制度和内部预防腐败的工作机制，从制度上遏制腐败行为的发生。（二）、（六）、（七）款是对此内容的具体展开。此外，在（四）、（五）款设定了对领导干部和重点岗位工作人员进行廉洁审查的特殊注意规定，确保公职人员廉洁，净化公职人员队伍。

立法例：

《联合国反腐败公约》第一条：“本公约的宗旨是：（三）提倡廉正、问责制和对公共事务和公共财产的妥善管理。”

《甘肃省预防职务犯罪工作条例》第八条：“各级国家机关、国有企业事业单位、人民团体应当依照其职责做好下列预防职务犯罪工作：（一）坚持和落实警示教育、述职述廉评议、审计监督、任职回避等与预防职务犯罪有关的制度；（二）制定预防职务犯罪工作方案，建立健全工作制度，落实预防措施，通报工作情况，交流工作信息；（三）坚持和完善预防职务犯罪教育制度，对本单位工作人员经常进行法制、纪律、道德教育，提高遵纪守法意识；（四）对易发职务犯罪岗位的工作人员定期交流或者轮岗；（五）选拔任用领导干部和重点岗位工作人员应当严格按照程序和条件进行，并对被选拔的人员进行廉政考评，建立考评责任制，对考评失察的要追究责任；（六）发现职务犯罪隐患要及时采取措施，进行警示教育和诫勉谈话。”

《珠海经济特区预防腐败条例》第十三条：“国家机关、事业单位、人民团体、国有企业应当采取下列预防腐败措施：……（二）建立本单位廉政风险防控机制，对腐败易发岗位和环节进行重点预防；……（四）接受预防腐败、检察等有关国家机关的指导和监督……”第十八条：“国家工作人员晋升职务时，组织人事部门应当在其晋升前向检察机关、监察部门征求对拟晋升人员有关廉政表现方面的意见。经查实通过腐败行为获得晋升的，取消任职。对在晋升职务前已有违纪违法问题、晋升职务后受到行政撤职及以上处分的国家工作人员，应当在作出处分后十五个工作日内，启动对其选拔过程的倒查程序。”第三十七条：“司法行政部门应当将预防腐败工作列入法制宣传教育计划，在机关、乡村、社区、学校、企业等开展普法宣传、法制教育、法律咨询；将预防腐败法律和法规列入领导干部学法教育内容。”第三十八条：“预防腐败部门应当会同相关单位对重点领域、重要岗位的国家工作人员进行专门预防腐败教育。”第三十九条：“预防腐败部门应当会同组织人事部门对初任或者新晋升职务的国家工作人员进行任职前预防腐败教育。”

《浙江省预防职务犯罪条例》第七条：“国家机关、国有公司、企业、事业单位、人民团体应当履行下列预防职务犯罪的职责：（一）制定、实施内部预防职务犯罪工作措施，将预防职务犯罪工作列入年度工作计划和廉政建设责任制……”

第十四条 国家机关和有关单位应当建立健全下列职务管理制度：

（一）个人重大事项报告制度；

（二）述职述廉制度；

（三）民主评议制度；

（四）诚勉谈话制度；

（五）定期轮岗制度；

（六）回避制度；

（七）国家机关和属于审计监督对象的其他单位主要负责人任期、离任经济责任审计制度；

（八）其他预防腐败和职务犯罪的制度。

说明：

本条从职务管理制度层面对预防腐败作出了规定。将个人重大事项报告制度、述职述廉制度、民主评议制度、诫勉谈话制度、定期轮岗制度、回避制度、主要负责人任期、离任经济责任审计制度以及其他具有预防腐败和职务犯罪的制度作为职务管理制度的评价内涵。

理由：

科学的对职务管理制度进行构建，能有效防止因职务管理制度缺失造成的腐败监管空缺。完善职务管理监管制度，有效地减少权力寻租的空间，遏制零和博弈的趋向，减少腐败的发生。本条对职务管理制度的设定，从内容上，加强对腐败行为的审查，增强实质审查力度；从程序上，完善预防腐败制度，减少监管盲区。

条款的具体设定主要结合我国《公务员法》《中国共产党党内监督条例》《关于领导干部报告个人有关事项的规定》《中央组织部关于建立民主评议党员制度的意见》以及地方性法规关于公职人员职务管理的规定，确保将预防腐败的职责从机关单位落实到具体管理制度之上，确保职责明确、决策民主，防止腐败滋生。

立法例：

《中华人民共和国公务员法》第四十四条："公务员晋升领导职务，按照下列程序办理：（一）民主推荐，确定考察对象；（二）组织考察，研究提出任职建议方案，并根据需要在一定范围内进行酝酿；（三）按照管理权限讨论决定；（四）按照规定履行任职手续。公务员晋升非领导职务，参照前款规定的程序办理。"第六十九条："公务员担任乡级机关、县级机关及其有关部门主要领导职务的，应当实行地域回避，法律另有规定的除外。"第七十条："公务员执行公务时，有下列情形之一的，应当回避：（一）涉及本人利害关系的；（二）涉及与本人有本法第六十八条第一款所列亲属关系人员的利害关系的；（三）其他可能影响公正执行公务的。"第七十一条："公务员有应当回避情形的，本人应当申请回避；利害关系人有权申请公务员回避。其他人员可以向机关提供公务员需要回避的情况。机关根据公务员本人或者利害关系人的申请，经审查后作出是否回避的决定，也可以不经申请直接作出回避决定。"第七十二条："法律对公务员回避另有规定的，从其规定。"

《珠海经济特区预防腐败条例》第二十五条："国家工作人员对存在利益冲突的情形，应当主动回避，申请调整分工、调换岗位或者辞去相关职务。不主动回避的，按照干部管理权限予以强制回避。"

《浙江省预防职务犯罪条例》第七条："国家机关、国有公司、企业、事业单位、人民团体应当履行下列预防职务犯罪的职责：……（四）建立、完善任职和公务回避、经济责任审计、领导干部个人重大事项报告等制度。"第十二条："审计机关应当履行下列指导、监督预防职务犯罪工作职责:(一)依法开展审计监督，实行单位负责人任期和离任经济责任审计制度;……”第十六条:“国家工作人员应当依法履行职责，自觉接受预防职务犯罪教育和监督。担任领导职务的国家工作人员应当将预防职务犯罪工作情况列入年度述职报告，接受评议和考核。”

《广州市预防职务犯罪条例》第十九条:“国家机关和有关单位应当依照法律、法规的相关规定实施回避、审计监督等制度，并结合自身特点，建立健全和落实下列预防职务犯罪的管理制度:(一)岗位责任制度;(二)岗位定期轮换制度;(三)述职述廉制度;(四)民主评议制度;(五)诫勉谈话制度;(六)担任领导职务的国家机关和有关单位工作人员报告个人有关事项制度;(七)其他预防职务犯罪的管理制度。”

《江苏省预防职务犯罪条例》第十九条:“各级人民政府及其职能部门应当完善行政管理体制，依法规范行政行为，采取以下措施预防职务犯罪:……(四)对市政、水利、交通、电力、通讯等公共投资建设项目、政府采购、经营性土地使用权出让和产权交易等依法实行招标投标或者拍卖;(五)对人事、财政、行政审批、资金项目管理等工作中容易发生职务犯罪的岗位加强监督，并定期交流或者轮岗。”

《深圳市预防职务犯罪条例》第八条:“国家机关和国有企业、事业单位、人民团体应当将预防职务犯罪工作列入单位工作目标管理，实行领导责任制。其具体职责如下:(一)建立、完善并严格执行人事选拔任用、重点岗位定期轮换、财经管理、单位负责人任期经济责任审计以及责任追究等制度;……(三)对本单位的工作人员进行法制、纪律和道德教育。”

第十五条 国家机关和有关单位应当重点制定完善下列预防腐败的制

度措施：

（一）依照法定程序实施行政审批，实行政务中心集中受理办理行政审批事项，加强对行政审批程序和事项的监督检查；

（二）实行政务公开，落实听证制度、查询制度、公示制度和公布制度；

（三）完善公共资源配置、公共资产交易、公共产品生产领域市场运行机制，对建筑、交通、水利等建设项目的设计、监理、施工应当依法实行公开招标，对土地使用权的出让、转让，矿产资源的勘探、开采等依法实行评估、招标、拍卖；

（四）对行政转让出让和政府采购等直接经济行为实行公开相关信息和招标方式等措施；

（五）健全国有资产投资决策和项目法人约束机制，实行国有资产管理、评估、使用和转让审计制度，重大投资项目论证制、重大投资决策失误追究制；

（六）依法审计国家机关预算执行情况和决算及其他财政收支情况，审计政府投资和以政府投资为主的建设项目预算执行情况和决算，审计国有公司、企业、事业单位、人民团体的财务收支情况；

（七）严格财政资金分配和使用，严格预算管理和执行检查，严格实行收支两条线管理，加强财政支出预算绩效考评，严肃财政纪律；

（八）依照法定程序实施行政处罚、行政强制等行政行为；

（九）其他预防腐败的措施。

说明：

本条明确了国家机关和有关单位预防腐败的核心，梳理了涉及预防腐败的行政许可事项，确认了预防腐败中适用的预算制度，规定了政务公开的具体措施。同时，强调行政处罚、行政强制等行政行为依法对腐败行为加以预防。

理由：

由于腐败行为具有覆盖广、渗透强、多领域的特性，国家机关和有关单位若采取均衡反腐措施，则会增加反腐的成本，增长具体反腐活动的周期，降低反腐的效率。因此，对于腐败行为，应针对其容易发生或社会危害大的领域加大监管力度，强化特定领域反腐制度构建。

本条是针对腐败多发领域作出的预防制度措施。具体制定采取《联合国反腐败公约》对公共采购和公共财政管理规定的思路，参照《中华人民共和国行政许可法》与《中华人民共和国预算法》加以制定。从内容上，强调完善行政许可制度与预算制度。行政许可制度，特别是特许制度，通过对被许可人授予某种权力或者对有限资源进行有效配置的管理方式，从而改变资源配置。巨大的利益会带来权力寻租的空间。因此，对于涉及巨大利益的审批制度尤其是存在公共利益的特别许可制度应重点完善。此外，通过建立公开透明的预算制度，加强了对预算的管理和监督，有效减少腐败行为的发生。从程序上，政务公开制度的设定可以有效保障自然人、法人或者其他组织对行政行为的知情权，使得公众更好地通过社会监督参与到预防腐败的活动中，及时发现腐败行为，防患于未然。同时，为保障执法上对腐败行为的监督与威慑，强调对腐败应依法适用行政处罚与行政强制等行政行为。

立法例：

《联合国反腐败公约》第九条：“ 一、各缔约国均应当根据本国法律制度的基本原则采取必要步骤，建立对预防腐败特别有效的以透明度、竞争和按客观标准决定为基础的适当的采购制度。这类制度可以在适用时考虑到适当的最低限值，所涉及的方面应当包括:（一）公开分发关于采购程序及合同的资料，包括招标的资料与授标相关的资料，使潜在投标人有充分时间准备和提交标书;（二）事先确定参加的条件，包括甄选和授标标准以及投标规则，并予以公布;（三）采用客观和事先确定的标准作出公共采购决定，以便于随后核查各项规则或者程序是否得到正确适用;（四）建立有效的国内复审制度，包括有效的申诉制度，以确保在依照本款制定的规则未得到遵守时可以诉诸法律和进行法律救济;（五）酌情采取措施，规范采购的负责人员的相关事项，例如特定公共采购中的利益关系申明、筛选程序和培训要求。”

《中华人民共和国行政许可法》第十二条:“下列事项可以设定行政许可:（一）直接涉及国家安全、公共安全、经济宏观调控、生态环境保护以及直接关系人身健康、生命财产安全等特定活动，需要按照法定条件予以批准的事项;（二）有限自然资源开发利用、公共资源配置以及直接关系公共利益的特定行业的市场准入等，需要赋予特定权利的事项;（三）提供公众服务并且直接关系公共利益的职业、行业，需要确定具备特殊信誉、特殊条件或者特殊技能等资格、资质的事项;（四）直接关系公共安全、人身健康、生命财产安全的重要设备、设施、产品、物品，需要按照技术标准、技术规范，通过检验、检测、检疫等方式进行审定的事项;（五）企业或者其他组织的设立等，需要确定主体资格的事项;（六）法律、行政法规规定可以设定行政许可的其他事项。”

《中华人民共和国预算法》第四十八条:“全国人民代表大会和地方各

级人民代表大会对预算草案及其报告、预算执行情况的报告重点审查下列内容：（一）上一年预算执行情况是否符合本级人民代表大会预算决议的要求；（二）预算安排是否符合本法的规定；（三）预算安排是否贯彻国民经济和社会发展的方针政策，收支政策是否切实可行；（四）重点支出和重大投资项目的预算安排是否适当；（五）预算的编制是否完整，是否符合本法第四十六条的规定；（六）对下级政府的转移性支出预算是否规范、适当；（七）预算安排举借的债务是否合法、合理，是否有偿还计划和稳定的偿还资金来源；（八）与预算有关重要事项的说明是否清晰。"

《珠海经济特区预防腐败条例》第十六条："国有企业应当在各自的职责范围内，采取下列预防腐败措施：……（二）建立投资、资产处置、资金运作、物资采购以及其他重要经济活动决策、执行的监督制约机制，重大的物资和服务事项采购、房屋租赁、经营权出让等应当进入相应的市公共资源交易平台公开交易。"

第十六条 司法机关应当履行下列预防腐败的职责：

（一）依照法定程序实行审判公开、执行公开、警务公开等制度；

（二）按照规定通报预防职务犯罪工作情况，分析研究行业和区域职务犯罪特点，提出预防职务犯罪的建议和对策；

（三）结合处理职务犯罪工作，提出司法建议；

（四）督促、协助有关单位开展预防腐败的宣传、教育和咨询活动；

（五）其他预防腐败的职责。

说明：

本条是关于司法机关在预防腐败中职责的规定，具体包括程序公开、及时通报、建议对策、宣教协助等方面。司法机关除了追究犯罪、裁判犯罪的职能之外，通过其掌握的腐败资料进行腐败预防的分析和宣传工作，可以更好地实现源头治理的目标。

理由：

阳光是最好的防腐剂，只有公开才能确保反腐避免可能的暗箱操作带来的司法公信力的下降问题，才能最大化地保障公民在反腐中的知情权和参与积极性。

立法例：

《俄罗斯联邦反腐败法》第七条："……3. 通过行政法律以及采取旨在吸收国家和自治地方的工作人员，以及公民更加积极地参与反腐败及在社会中形成否定腐败行为的其他措施。4. 完善国家机关的体系与结构，建立对国家机关活动的社会监督机制。"

第十七条 国家公职人员应依法进行有关收入、财产、财产性利益的申报登记。

说明：

本条是关于国家公职人员财产申报登记义务的规定。国家公职人员应依法进行有关收入、财产、财产性利益的申报登记，无论从世界各国的反腐败举措还是我国的反腐败经验来看，这都是权力公开、预防腐败的重要举措。

理由：

公职人员财产申报登记，就是要求担任公职的人员在任职之初、任职期间，以及在规定的时间以及离职之后的一定期间内，向相关机构报告或向社会公布自己以及共同生活的亲属的财产及其变动情况，属于公职人员行政伦理规范体系中的基本构成部分，更是一项预防腐败的基础制度。课予公职人员财产申报登记的义务，一方面可以通过强化对公职人员的财产监督，增强公职人员的自我约束力，进而提高政府公信力，另一方面也可以明确公职人员的财产情况，维护公职人员的合法财产权。

就比较法视野来看，很多国家就公职人员财产申报登记进行了立法，比如《土耳其财产申报与反贿赂腐败法》《巴西立法、行政、司法部门高级官员财产申报法》《美国1978年政府道德法》等。可见，作为一项对国家公职人员财产监督制度，公职人员财产申报登记已成为世界各国反腐败立法的重点。其实，我国早在20世纪就开始了公职人员财产申报登记制度的推进，比如，早在1995年，中共中央办公厅、国务院办公厅就联合发布了《关于党政机关县（处）级以上领导干部收入申报的规定》（已失效），随后，《关于省部级现职领导干部报告家庭财产的规定（试行）》《关于领导干部报告个人有关事项的规定》于2001年、2010年颁布实施。地方也都在积极地推动公职人员财产申报登记的实施，比如2008年5月25日，新疆阿勒泰地区纪委出台一份名为《县（处）级领导干部财产申报规定（试行）》的文件，规定从2009年起，全地区县处级以上官员都要申报财产。然而，从实践效果来看，公职人员财产申报登记并没有得到彻底的贯彻实施，公职人员财产申报登记制度本身还需要不断地完善，而具体的申报登记制度也应当另行制定一部统一的《财产申报登记法》。

本建议稿对公职人员财产申报登记作一笼统的规定，课予国家公职人员进行有关收入、财产、财产性利益的申报登记义务，具体措施的实施还需依据现有的相关规定以及日后相关法律的完善。

立法例：

《关于领导干部报告个人有关事项的规定》第二条："本规定所称领导干部包括：（一）各级党的机关、人大机关、行政机关、政协机关、审判机关、检察机关、民主党派机关中县处级副职以上（含县处级副职，下同）的干部；（二）人民团体、事业单位中相当于县处级副职以上的干部；（三）大型、特大型国有独资企业、国有控股企业（含国有独资金融企业和国有控股金融企业）的中层以上领导人员和中型国有独资企业、国有控股企业（含国有独资金融企业和国有控股金融企业）的领导班子成员。副调研员以上非领导职务的干部和已退出现职、但尚未办理退（离）休手续的干部报告个人有关事项，适用本规定。"第三条："领导干部应当报告下列本人婚姻变化和配偶、子女移居国（境）外、从业等事项：（一）本人的婚姻变化情况；（二）本人持有因私出国（境）证件的情况；（三）本人因私出国（境）的情况；（四）子女与外国人、无国籍人通婚的情况；（五）子女与港澳以及台湾居民通婚的情况；（六）配偶、子女移居国（境）外的情况；（七）配偶、子女从业情况，包括配偶、子女在国（境）外从业的情况和职务情况；（八）配偶、子女被司法机关追究刑事责任的情况。"第四条："领导干部应当报告下列收入、房产、投资等事项：（一）本人的工资及各类奖金、津贴、补贴；（二）本人从事讲学、写作、咨询、审稿、书画等劳务所得；（三）本人、配偶、共同生活的子女的房产情况；（四）本人、配偶、共同生活的子女投资或者以其他方式持有有价证券、股票（包括股权激励）、期货、基金、投资型保险以及其他金融理财产品的情况；（五）配偶、共同生活的子女投资非上市公司、企业的情况；（六）配偶、共同生活的子女注册个体工商户、个人独资企业或者合伙企业的情况。”

《俄罗斯联邦反腐败法》第八条：“国家和市政公务员申报有关收入、财产和财产性债务资料的义务：1. 希望充任已被列入俄罗斯联邦规范性法律文件目录中的国家或市政机关职位的公民，以及已充任俄罗斯联邦规范性法律文件目录中的国家或市政机关职位的公民，有义务向其主管申报收入、财产和财产性债务的资料，并申报其配偶和未成年子女的收入、财产和财产性债务的资料。申报上述资料的程序由俄罗斯联邦法律和其他联邦规范性法律文件规定。2. 国家和市政公务员根据本条申报的关于收入、财产和财产性债务的资料是机密资料，即使联邦法律未将其列入国家机密。3. 不允许利用国家或市政公务员、其配偶和未成年子女的收入、财产和财产性债务的资料，用于建立或确定其与配偶和未成年子女的支付能力，不允许以直接或间接形式为社会团体或宗教或其他组织以及为个人利益的基金会收集捐款（出资）。4. 泄露国家或市政公务员、其配偶和未成年子女的收入、财产和财产性债务资料，或者以联邦法律未规定的目的使用以上资料的责任人，按照俄罗斯联邦法律承担责任。5. 根据俄罗斯联邦规范性法律文件规定的程序，可将国家和市政公务员申报的收入、财产和财产性债务的资料，提供给媒体公布。6. 检查依据本条第一款指定申报的国家或市政公务员、其配偶和未成年子女的收入、财产和财产性债务资料的真实性和完整性，由主管人员或其授权的人独立实施，或者按照俄罗斯联邦总统规定的程序，向实施监督职能的护法机关或国家机关函询其掌握的国家或市政公务员、其配偶和未成年子女的收入、财产和财产性债务的有关资料。7. 公民在进入国家或市政机关时不向其主管申报本人及其配偶和未成年子女的收入、财产和财产性债务资料，或者申报明显不可信或不完全的资料，将被拒绝接收进入国家或市政机关。8. 国家或市政公务员不履行本条第一款规定的义务的，是违法行为，将被开除出国家或市政机关，或者根据俄罗斯联邦法律追究其他类型的纪律责任。9. 国家和市政机关的法律可以为国家或市政公务员设置更为严格的禁止、限制、义务、行为守则。”

《巴西立法、行政、司法部门高级官员财产申报法》第一条：“在举行就职时，或如没有举行就职，则在开始执行职务时，被雇用或履行职务时，以及每个财政年度结束时，或管理工作结束时，或在任期结束时，以及在被解职，辞职，或彻底调离职务时，如下高官和公务人员必须申报财产，写明财产来源：1. 共和国总统；2. 共和国副总统；3. 政府部长；4. 国民议会成员；5. 联邦法官；6. 联邦监察机构的成员；7. 在联邦权力机构直属、非直属和基层管理机构中执行编制内职务，执行一般职务的，受雇用的或执行要害职务的一切人员。”

第十八条 公职人员有义务采取措施避免出现任何形式的利益冲突。

利益冲突是指公职人员的个人利益影响或可能影响其公职履行或其所代表的公共利益。

公职人员在知悉其发生利益冲突的情况下，有义务以书面形式及时向直接领导报告，有义务采取预防或调整利益冲突的措施。

说明：

本条是关于公职人员防止利益冲突的义务规定。公职人员有义务采取措施避免出现任何形式的利益冲突。公职人员在知悉其发生利益冲突的情况下，有义务以书面形式及时向直接领导报告，有义务采取预防或调整利益冲突的措施。

理由：

虽然，利益冲突并不等于腐败，利益冲突在现实中也不必然演变为腐败行为，但这并不意味着利益冲突和腐败没有联系，在一些情况下，利益冲突可能是腐败的诱因。如果利益冲突管理得当将有助于避免或控制腐败。

课予公职人员防止利益冲突的义务，并不是本建议稿的突发奇想，党的十七届四中全会通过的《中共中央关于加强和改进新形势下党的建设若干重大问题的决定》就明确提出“建立健全防止利益冲突制度”，并且，在我国现行的众多法律中，也已经有很多关于公职人员防止利益冲突的规定，比如，《公务员法》《审计法》《证券法》《行政监察法》等都明确规定了公职人员“回避制度”。除此之外，从改革开放至今，中央各部门就出台了大量的行政规章以及规范性文件，专门对公职人员防止利益冲突进行了规定，如《关于禁止在对外活动中送礼、受礼的决定》（1980年）、《关于党政机关在职干部不要与群众合办企业的通知》（1984年）、《关于严禁党政机关和党政干部经商、办企业的决定》（1984年）、《关于中央党政机关与所办经济实体和管理的直属企业脱钩有关问题的通知》（1998年）、《党政领导干部任职回避暂行规定》（2006年）、《国家工商行政管理总局公务员退休离职后从业行为的暂行规定》（2011年）等。虽然，我国关于公职人员防止利益冲突的立法有很多，实践经验也很充足，但各立法文本比较散乱、尺度不一，很难形成一个系统而完整的制度体系。对此，本建议稿建议另行制定一部《防止利益冲突法》。国外有很多国家也专门针对防止公职人员利益冲突进行了立法，比如《美国联邦利益冲突和贿赂法》《加拿大利益冲突法》《格鲁吉亚公共服务中利益冲突与腐败法》等。

本建议稿在已有的关于公职人员防止利益冲突的立法文本和实践经验基础上，概括地规定“公职人员有义务采取措施避免出现任何形式的利益冲突”，而在具体的程序上，建议稿要求公职人员“在知悉其发生利益冲突的情况下，有义务以书面形式及时向直接领导报告，有义务采取预防或调整利益冲突的措施”，这是为了更好地实现公职人员防止利益冲突的制度，但具体的义务内容则参见上面所述的各法律、法规、规章等的规定。

立法例：

《俄罗斯联邦反腐败法》第十一条：“防止和调整国家和市政公务员的利益冲突：1. 国家或市政公务员有义务采取措施避免任何利益冲突的发生。2. 国家或市政公务员有义务以书面形式向自己的直接领导汇报发生的利益冲突，或者汇报其刚得知发生利益冲突的可能性。3. 当主管得知国家或市政公务员出现导致或可能导致利益冲突的个人利益时，有义务采取措施防止或调整利益冲突。4. 防止或调整利益冲突可以是改变作为利益冲突一方的国家或市政公务员的公职身份或地位，直到其按照确定的程序停止履行公职，和（或者）其放弃冲突利益。5. 国家或市政公务员是防止和调整利益冲突的一方的，应根据俄罗斯联邦法律规定的情形和程序进行回避或者自我回避。6. 如果国家或市政公务员拥有有价证券、股票（股票份额、组织的法定资本份额），其有义务根据俄罗斯联邦法律规定，将属于自己的有价证券、股票（股票份额、组织的法定资本份额）转交给委托的管理机构，以达到防止利益冲突的目的。”

《乌克兰预防和惩治腐败法》第十二条第一款：“本法第二条 1 ～ 2 款所列人员应采取措施防止任何可能发生的利益冲突。”

《爱沙利亚反腐败法》第二十五条“利益冲突”第二款：“在本条第（1）款中所提及的需要参与作出一般决定的官员应该立即通知相应的机构和他或者她的直接上司，或者具有雇佣或者制定权的人或者机构。指定一位官员作为作出一般决定机构成员的人或者机构，可以指定另外一位官员加以替换。”

第三章　腐败的法律责任及程序措施

第十九条　任何自然人或单位实施了本法所指的腐败行为，应依法追究其纪律责任、行政责任、刑事责任或民事责任。

对腐败行为有监督和追究职责的工作人员贪污受贿、玩忽职守、滥用职权、徇私舞弊、泄露秘密的，由有权机关依法给予行政处分；构成犯罪的，依法追究刑事责任。

对从事腐败行为的公职人员，应撤销其公职职务；构成犯罪的，应剥夺其从事公职的资格。

说明：

本条规定了两部分内容：一是有关腐败主体责任的规定，腐败主体因腐败行为将承担纪律责任、行政责任、刑事责任或民事责任，这些责任分属于不同的层次，往往可以叠加适用。二是关于反腐人员在反腐过程中违反职责时责任的规定，这包括行政责任和刑事责任。

理由：

对腐败行为进行不同层次责任的设定，就是为了达到削减甚至杜绝腐败的目的。另外，对在反腐过程中违反职责时责任的规定，尤其是追究刑事责任，有利于保障反腐败工作沿着预定的正确方向推进。此外，对腐败行为设置一定形式的责任原则性规定是各国的通行做法。

立法例：

《越南反腐败法》第二十一条："有以下贪污腐败行为者应予追究刑事责任……"第二十二条："对虽有贪污腐败行为但未达到需要追究刑事责任程度者，应视其行为的性质、程度、涉及财产价值、造成损失程度及本法第二十三条中视情节加重、减轻处理的规定予以下属形式的纪律处分……"第二十三条："（一）有以下贪污腐败行为者予以加重纪律处分：……（二）有以下贪污腐败行为者予以减轻纪律处分：……"

《土耳其财产申报与犯贿赂腐败立法》第三章"刑罚裁决"……

《乌克兰预防和惩治腐败法》第二章"预防和惩治腐败的措施（责任规定）……"

第二十条　国家公职人员有义务向反腐机构报告他人尚未被发现的腐败行为。明知腐败行为而不报告的公职人员，应按照法律规定承担相应责任。

说明：

本条是关于国家公职人员对他人腐败行为的报告义务及相关责任的规定。公职人员互相监督制约有利于腐败的发现与追究，从而也能深化反腐败的力度。

理由：

对国家公职人员附加必要的腐败行为报告义务，有利于促成公职体系内部廉洁性以及公职人员之间保证人关系的形成，提高打击腐败的效力，形成反腐败的互相监督。

立法例：

《俄罗斯联邦反腐败法》第九条："1. 国家或自治地方的工作人员有义务向委任方的代表、检察机关或者其他国家机关报告有关某人实施腐败违法行为倾向的所有情况。2. 除有实施腐败违法行为倾向的事实已被核查或正在核查外，报告该事实是国家或自治地方工作人员的公务（职务）义务。3. 国家或自治地方的工作人员不履行本条第一款规定的职责（公务）义务是违法的，会导致其被开除国家或自治地方的公职，或依照俄罗斯联邦法律对其追究其他责任。"

第二十一条　单位有构建有效预防腐败的内部控制制度之义务，怠于履行该义务而导致单位成员为了单位利益而实施腐败行为的，单位及直接负责的主管人员或其他直接责任人员应依法承担责任，但单位能够证明其已制定了"充分程序"以预防其成员从事腐败行为的除外。

说明：

本条是关于塑造单位清廉制度环境的规定，单位及其负责人怠于履行建构预防腐败内部控制制度义务的，依法承担责任。

理由：

廉政制度环境建设是拒腐防变的基础工程，廉洁制度环境建设是反腐新常态下，单位尤其是国有单位党风廉政建设和反腐倡廉工作的有效载体和抓手，是从源头上防止腐败的有效途径和方法。党的十八大指出，要坚持中国特色反腐倡廉道路，坚持标本兼治、综合治理、惩防并举、注重预防方针，全面推进惩治和预防腐败体系建设，加强反腐倡廉教育和廉政文化建设。在单位构建完善有效预防腐败的内部控制制度，是削减腐败犯罪发生情境、全面加强廉政文化环境建设的重要措施，能够不断提高党员干部对腐败文化的“免疫力”，才能更好地开展防腐倡廉工作，不断筑牢防腐拒变的防火墙，降低廉政风险。加强廉政制度建设必须强化制度约束，将廉政文化理念融入管理制度，用制度体系规范单位领导干部和管理人员的从业行为，形成廉洁从业的长效机制，实现廉洁文化与廉洁从业制度、生产经营管理制度的对接，明确权限、责任，靠内部制度建立起“不能腐”的廉洁文化环境。本条为了限制处罚范围，只规定单位及直接负责的主管人员或其他直接责任人员“怠于履行该义务而导致单位成员为了单位利益而实施腐败行为”的，才受处罚。

立法例：

《江苏省职务犯罪预防条例》第十条：“预防职务犯罪实行领导责任制。国家机关、人民团体和国有公司、企业、事业单位主要负责人为第一责任人，其他负责人按其分工负直接领导责任。”第二十二条：“国有公司、企业、事业单位和人民团体应当完善民主管理、民主监督制度，实行重大事务、财务公开，健全和规范财务监督管理制度，做好预防职务犯罪工作。”第三十条：“违反本条例有关规定，国家机关、人民团体和国有公司、企业、事业单位具有下列行为之一，情节较轻的，由上级机关或者主管部门对单位主要负责人和直接责任人员给予批评教育，并责令限期整改；情节严重尚不构成犯罪的，由监察机关或者有关部门对单位主要负责人和直接责任人员依法给予行政处分；构成犯罪的，由司法机关依法追究刑事责任：（一）不履行预防职责，致使本单位人员在其任期内三人以上或者三次以上出现严重职务违法行为的；……”

《越南反腐败法》第七条：“单位、组织首长在自己职权范围内，有责任实施防范、阻止贪污腐败行为的措施，自行处理并协助职能机关、组织处理贪污腐败者；对渎职致使本单位、组织发生贪污腐败行为者，将依法予以处理。”

第二十二条 对出于合理理由善意向反腐机关举报涉及本法所规定的腐败行为的举报者，其合法权益受法律保护，反腐机关承担举报者身份保密的义务，不得在刑事、民事诉讼或其他场合下泄露涉及举报人身份的任何信息，有义务保障举报者的工作权利和人身安全，并对其举报行为给予奖励。

说明：

本条是关于反腐败机关对保护、奖励善意举报人的制度，包括举报人个人信息的保密、工作权利和人身安全的保障以及对举报行为的奖励。

理由：

人民群众是力量的源泉，保护举报人是落实反腐败群众路线的直接体现，是保障公民基本政治权利的必然要求。我国《宪法》第四十一条第一款、第二款规定：“中华人民共和国公民对于任何国家机关和国家工作人员，有提出批评和建议的权利；对于任何国家机关和国家工作人员的违法失职行为，有向有关国家机关提出申诉、控告或者检举的权利，但是不得捏造或者歪曲事实进行诬告陷害。对于公民的申诉、控告或者检举，有关国家机关必须查清事实，负责处理。任何人不得压制和打击报复。”官对腐败行为进行举报是公民社会参与反腐败即权利监督权力的民间话语权表达。实践中，举报人的信息总会外泄，甚至让被举报人知晓，举报人总会因各种理由遭到打击报复，甚至被行政拘留、劳动教养、定罪入狱。因此，有必要在本法中强调对善意举报人权利的特别保护。此外，对善意举报人保护也是世界各国反腐立法的通例。

立法例：

《新加坡防止腐败法》第三十六条："（1）除下文有规定的意外，在民事或刑事诉讼中，不承认没有证据的对本法规定之罪的投诉，不得强迫或允许证人泄露检举人的姓名或地址，也不得要求证人陈述任何有可能导致检举人被发现的事情。（2）若在任何明显的或在民事或刑事诉讼程序中有可能被查阅的账目或文件中关于检举人姓名、特征或有可能导致其被发现的任何记载，法官应当在诉讼程序开始之前隐藏或尽可能删去该部分，以保护举报人不被发现。"

《越南反腐败法》第六十五条第二款："主管机关或组织的领导人，在收到腐败行为的举报时，应当依权限予以考虑和处理；并依照举报人的要求，对其全名、地址、签名及其他信息予以保密；当出现威胁、打击或者报复举报人迹象时，或应其要求，应当及时采取必要措施保护举报人；根据举报人的请求，将举报的处理结果通报给举报人。"

《哈萨克斯坦共和国反腐败法》第七条："（1）举报腐败性违法行为或通过其他方式协助反腐败斗争斗争的人员受国家保护。（2）关于协助反腐败斗争的信息是国家机密，只能应本法第六条第二、四款所述机关或法院的要求按法定程序予以提供。泄露该信息将依法追究责任。（3）必要时，开展反腐败斗争的机关应保障协助打击腐败人员的人身安全。"

《马来西亚反腐败法》第三十一条第五款："对于任何人员向该机构授权官员揭露任何或提供任何账户、文件或物品的情况，不论是此人还是此人可能代表的任何其他人（或受其指示或作为其代理人或雇员而采取行动），考虑到他所揭露或提供的资料，都不应根据或由于任何成文法下的违法行为而向他提起任何起诉，除了因第19条下的违法行为而提起的公诉，也不应或由于任何法律或任何合同、协议、安排或其他由任何人员向他提起任何诉讼程序或诉讼请求。”

《格鲁吉亚公共服务中利益冲突与腐败法》第20-2条：“本法应对下列举报提供保护：（a）实质上符合事实，并且呈现的证据证实该举报；（b）诚实举报，并且相信该举报将促进审查并压制公务人员违犯法律及适当行为规范的行为，保护公共及私人利益，并且保护的价值超过举报造成的危害。”第20-3条：“（1）禁止用歧视的方式威吓、压迫或威胁举报者。（2）举报者可不受限于纪律或行政程序、民事诉讼或起诉或对有关举报行为的情况负有其他方面的责任，直指调查结束。禁止损坏协议、许可证及授权的条件并且禁止放弃或暂时放弃工作、扰乱法律上的关系，直至证明举报提供的信息是不真实的。”

第二十三条 人民检察院在立案后，对于严重腐败犯罪案件，根据《中华人民共和国刑事诉讼法》的规定，可以采取特殊的技术侦查措施。通过特殊侦查程序所获取的材料在刑事诉讼中可以作为证据使用。

说明：

本条是关于对严重腐败犯罪案件使用特殊侦查措施以及通过侦查措施所获证据效力的规定。

理由：

腐败犯罪的证据查证是司法实践中的一大难题，隐蔽性、复杂性很强，需要特殊的侦查措施。腐败犯罪主体通常为国家工作人员，有一定的社会地位，社会关系复杂，反侦查能力较强，因而对腐败犯罪普遍存在发现难、取证难、查处难的问题。尤其是在贿赂犯罪案件中，行贿受贿往往发生在“一对一”的场合，一般不会留下任何的作案痕迹，检察机关只能依靠言词证据来定案。特殊侦查措施有常规侦查措施无法替代的作用，能有效突破腐败犯罪侦查工作的困境，是同腐败犯罪作斗争的一把利器。《联合国反腐败公约》规定，“为有效地打击腐败，各缔约国均应当在其本国法律制度基本原则许可的范围内并根据本国法律规定的条件在其力所能及的情况下采取必要措施”。可见，特殊侦查手段是各缔约国均“应当”（而非“可以”）确立的侦查措施，是一项强制性的国际义务。我国《刑事诉讼法》规定了对于重大的贪污、贿赂犯罪案件以及利用职权实施的严重侵犯公民人身权利的重大犯罪案件可以使用技术侦查。本条是与《刑事诉讼法》第一百四十八条、第一百五十二条的相互衔接。

立法例：

《联合国反腐败公约》第五十条第一款：“为有效地打击腐败，各缔约国均应当在其本国法律制度基本原则许可的范围内并根据本国法律规定的条件在其力所能及的情况下采取必要措施。允许其主管机关在其领域内酌情使用控制下交付和在其认为适当时使用诸如电子或者其他监视形式和特工行动等其他特殊侦查手段，并允许法庭采信由这些手段产生的证据。”

《新加坡防止腐败法》第十八条第一款（特殊调查权）：“（1）即使其他法律有其他规定，检察官若认为有正当理由怀疑犯有本法规定之罪的，可以以命令的方式授权局长或者助理警司及其以上级别的警官或者特别调查员，依据命令中规定的方式或方法，对案件进行调查。该命令可以授权调查任何银行账户、股票账户、购货账目、支付账目或其他账目，或者调查银行保险箱，并可以要求任何人披露或出示被授权官员所需的全部或部分信息、账目、文件或物品。（2）没有向被授权人披露信息或编制账目、文件或文章的，构成犯罪，应当被处以2000美元以下的罚款或1年以下监禁，或者二者并罚。”

第二十四条 对于严重腐败犯罪的犯罪嫌疑人或被告人，应当严格取保候审的适用条件，以确保其出庭受审。

说明：

本条是关于严格适用取保候审，确保腐败犯罪嫌疑人、被告人出庭受审的程序性规定。

理由：

取保候审，是在刑事诉讼中公安机关、人民检察院和人民法院等司法机关对未被逮捕或逮捕后需要变更强制措施的犯罪嫌疑人、被告人，为防止其逃避侦查、起诉和审判，责令其提出保证人或者交纳保证金，并出具保证书，对其不予羁押或暂时解除其羁押的一种强制措施。我国《刑事诉讼法》第六十五条规定：“人民法院、人民检察院和公安机关对有下列情形之一的犯罪嫌疑人、被告人，可以取保候审：（一）可能判处管制、拘役或者独立适用附加刑的；（二）可能判处有期徒刑以上刑罚，采取取保候审不致发生社会危险性的；（三）患有严重疾病、生活不能自理，怀孕或者正在哺乳自己婴儿的妇女，采取取保候审不致发生社会危险性的；（四）羁押期限届满，案件尚未办结，需要采取取保候审的。”由于取保候审对犯罪嫌疑人、被告人不予羁押，即便其已经缴纳了保证金，但也存在着逃避侦查或审判的风险。因此，对腐败犯罪嫌疑人、被告人作出取保候审，必须充分考虑确保他们在之后的刑事诉讼中出庭受审的需要。

立法例：

《联合国反腐败公约》第三十条第四款："根据本公约确立的犯罪而言，各缔约国均应当根据本国法律并在适当尊重被告人权利的情况下采取适当措施，力求确保就判决前或者上诉期间释放的裁决所规定的条件已经考虑到确保被告人在其后的刑事诉讼中出庭的需要。"

第二十五条 对于在腐败犯罪侦查或者起诉中提供检举揭发重大腐败犯罪，查证属实的，或提供关键证据使公诉能够继续进行的，或为反腐机关追回腐败犯罪所得的提供重要帮助的腐败犯罪的参与人，检察机关可以依据其犯罪情节和提供的实质性配合，作出不起诉决定。

说明：

本条是关于单独设立腐败犯罪污点证人豁免下的酌定不起诉制度的规定，以鼓励对腐败的检举揭发，更好地打击腐败行为。

理由：

污点证人豁免下的酌定不起诉制度是促进腐败犯罪侦查、追诉与腐败犯罪后果消除的重要举措。在腐败犯罪案件中直接证据不容易获取，腐败犯罪没有犯罪现场，犯罪潜伏期长，间接证据也不容易存留，这带来了腐败犯罪案件证据来源的局限。而且，腐败分子之间往往建立了长期合作关系，一损俱损，相互之间都形成了攻守同盟，在这种共同利害关系下，很难从中获得侦查突破口。确立污点证人酌定不起诉制度，可以争取罪行较轻的犯罪嫌疑人、被告人的合作，从内部瓦解腐败犯罪之间的同盟关系，大大降低案件的侦破难度，加大对重大腐败行为的追诉力度。确立污点证人酌定不起诉制度，可以成功清除追诉严重腐败犯罪过程中的证据障碍，直接节约司法资源，集中精力打击严重腐败犯罪，实现司法资源的合理配置。

立法例：

《联合国反腐败公约》第三十七条：“（1）各缔约国均应当采取适当措施，鼓励参与或者曾经参与实施根据本公约确立的犯罪的人提供有助于主管机关侦查和取证的信息，并为主管机关提供可能有助于剥夺罪犯的犯罪所得并追回这种所得的实际具体帮助。（2）对于在根据本公约确立的任何犯罪的侦查或者起诉中提供实质性配合的被告人，各缔约国均应当考虑就适当情况下减轻处罚的可能性作出规定。（3）对于在根据本公约确立的犯罪的侦查或者起诉中提供实质性配合的人，各缔约国均应当考虑根据本国法律的基本原则就允许不予起诉的可能性作出规定。”

第二十六条 腐败犯罪的主观要素，可以根据客观实际情况予以推定，除非被告人能提出证据加以反驳和辩解。

说明：

本条是关于腐败犯罪主观要素的推定与反证的规定。

理由：

对腐败犯罪主观要素进行推定，有利于降低腐败犯罪的控方举证难度，强化腐败犯罪的打击力度，落实反腐新常态下“全覆盖、无禁区、零容忍”的高压反腐战略。明知、故意或目的等要素都是属于精神世界的东西，很难直接查证，行为人的内心世界是无法被客观呈现的，外在的行为永远只能部分地说明行为人的主观意图，尤其在极力掩饰非法意图的贪污腐败犯罪中，因而对腐败犯罪主观要素施行推定，施行举证责任有限度的倒置，对腐败犯罪的追诉十分有利。对腐败犯罪的明知、故意或目的进行推定的前提是，控方已经查证了相关基础事实，腐败犯罪犯罪嫌疑人、被告人对基础事实不能证明其主观意图进行反证，从而提高了举证成功的可能性。对腐败犯罪主观意图的推定，更趋于精确的经验判断，而且在正常情况下只要基础事实真实可靠，则往往具有高度盖然性，不可靠的信息需要犯罪嫌疑人、被告人自己举证。这不仅减轻了控方的证明责任，缩短了实体与程序的距离，对腐败犯罪的及时追诉具有重要意义，而且《联合国反腐败公约》已经对此进行了明确规定，因而本条也不存在侵犯人权之痹症。

立法例：

《联合国反腐败公约》第二十八条："根据本公约确立的犯罪所需具备的明知、故意或者目的等要素，可以根据客观实际情况予以推定。"

《新加坡防止腐败法》第八条："对某人就第 5 条和第 6 条规定之罪提起任何诉讼的，如果证明政府或任何部门、社会团体雇佣的人员，从与政府或任何部门、该社会团体有往来的或企图建立联系的人或其代理人处，收受、接受或取得了任何贿赂；就证明该贿赂是作为前述提到的诱惑或酬金而非法收受、接受或取得的，但有相反证明的除外。"

《赞比亚反腐败法》第四十六条（腐败意图的推定）："（1）在根据本法的规定进行的程序过程中，如果有证证明任何经被告人的认可或者同意收受了任何酬劳，同时法院根据该人同被告人的关系以及其他的情形，认定该人为或者代替被告人收受了任何报酬，或者同被告人执行其职责或者义务相关或者具有某种联系，那么应该视为是该被告人收受该种报酬。（2）如果根据本法第四部分的规定对一项犯罪行为所进行的任何程序之中，有证据证明任何人在本法相关条款所规定的情形之中索取、接受或者获取或者同意接受或者试图接收或者获取任何款项，那么就应该视为该款项是以腐败的方式所索取、接受或者获取或者同意接受接收或者获取的。（3）出于上述第（2）款的目的，'付款'是指任何的腐败性付款，而无论是以现金的形式还是任何其他的形式。（4）在确定上述第（1）款或者第（2）款规定的任何事项的任何程序中，被告人负有对相反结论的举证责任。"

第二十七条 对于腐败犯罪案件，证人、鉴定人、被害人因在诉讼中作证，本人或者其近亲属及其他与其关系密切者的人身安全面临危险的，人民法院、人民检察院和公安机关应当采取以下一项或者多项保护措施：

（一）不公开真实姓名、住址和工作单位等个人信息；

（二）采取不暴露外貌、真实声音等出庭作证措施；

（三）禁止特定的人员接触证人、被害人及其近亲属；

（四）对人身和住宅采取专门性保护措施；

（五）其他必要的保护措施。证人、鉴定人、被害人认为因在诉讼中作证，本人或者其近亲属及其他与其关系密切者的人身安全面临危险的，可以向司法机关提出予以保护的申请。对证人的保护措施不得影响被告人正当的程序性权利。

说明：

本条是对作证保护的规定，对于作证的证人、鉴定人、被害人采取保密、禁止特定人员接触以及保护人身、住宅安全等措施。

理由：

对作证人员、近亲属及其他关系密切的人的特殊保护是确保其有效作证的必要措施。尤其是在腐败犯罪中，由于作证人员所指证对象的特殊性，为了防止腐败犯罪嫌疑人利用其特殊的关系网络事先妨碍作证或者秋后算账，有必要对作证人员及其近亲属进行保护，从而减少甚至免除作证人员的心理负担，确保作证人员按照其真实意思作证。我国地方法院也逐渐开始探索对作证人员的保护，例如2004年《深圳宝安区院自侦案件证人保护工作规定（试行）》规定了对自侦案件中各种作证人员提供防范或消除人身、财产利益或者其他合法权益的侵害或者威胁，以便为自侦案件作证人员清除后顾之忧。

立法例：

《马来西亚防止腐败法》第五十三条："（1）受第（2）款之规限，对于有该机构官员提出的任何诉状声明依照提出该诉状的官员所收到的信息提起该诉状的情况，应在提出该诉状的官员和提供该信息的人员之间保密在该诉状中涉及的信息以及提供此类信息的人员身份，并且在任何法院、裁判庭或其他机构的任何民事、刑事或者其他诉讼中不得泄露或命令或要求不得泄露此类信息中所包含的每项事情、提供该信息的人员身份以及有关该信息的所有其他情况，包括在什么地点提供该信息。（2）如果在第（1）款提到的任何法院、裁判庭或其他机构的任何民事、刑事或其他诉讼中，作为证据给出或应受调查的任何卷宗、文章或其他文件或任何录像或录音或其他内容或材料包括任何记录或其他内容，并且此类记录或内容说出提供信息人员的姓名或描述、说明该人员或可能导致此人被发现，那么，为保护此类人员不备发现，如有必要，进行该诉讼的法院应促使隐藏或者出去或用不同的方式转移所有此类部分或段落。（3）在第（1）款中年涉及的提供信息的任何人员知道该信息是错误的，那么此类人员应属违法，并且一经定罪应判处不超过十年有期徒刑，及不超过十万林吉特的罚金；为了对其进行任何调查或公诉，本分章、第（1）和第（2）款下的违法行为不得适用。”

《深圳宝安区院自侦案件证人保护工作规定（试行）》第七条：“本院在符合法律规定的前提下，采取下列方式开展证人保护工作：（一）本院在法定权限内采取相应措施进行保护；（二）与公安机关协调，由公安机关采取相应措施实施保护；（三）与法院协调，由法院采取相应措施实施保护；（四）与证人的生活、工作相关的有关机构或单位协调，要求给予配合保护。”

第二十八条 对于严重腐败犯罪的犯罪分子，应当严格假释的适用条件，限制其假释。

说明：

本条明确了对严重腐败犯罪的犯罪分子应当限制假释的适用和对腐败犯罪的死缓可适用终身监禁的规定，与《刑法》适用及《联合国反腐败》公约的要求相对接。

理由：

现行司法实践表明，腐败犯罪假释比率明显畸高，违法假释的现象此起彼伏。这类“有权人”假释快的现象引起了社会公众的强烈不满，严重损害了司法公正与权威。为了遏制此类现象，2014 年中央政法委出台了《关于严格规范减刑、假释、暂予监外执行切实防止司法腐败的意见》，明确对于腐败犯罪应当从严把握假释标准，防止犯罪分子在服刑期间利用个人影响力和社会关系等不正当手段获得假释机会。相应的，2015 年 8 月

29 日通过的《中华人民共和国修正案（九）》明确规定了对判处死刑缓期执行的特别严重贪污犯罪分子应当禁止假释。因此，为了防止假释成为“有权人”的工具，也为了与我国当前刑事立法向衔接，对于严重犯罪分子应当限制假释适用。

立法例：

《中华人民共和国刑法》第三百八十三条第四款：“...... 犯第一款罪[①]，有第三项规定[②]情形被判处死刑缓期执行的，人民法院根据犯罪情节等情况可以同时决定在其死刑缓期执行二年期满依法减为无期徒刑后，终身监禁，不得减刑、假释。”

中央政法委《关于严格规范减刑、假释、暂予监外执行切实防止司法腐败的意见》第一部分：“对职务犯罪、破坏金融管理秩序和金融诈骗犯罪、组织（领导、参加、包庇、纵容）黑社会性质组织犯罪等罪犯（以下简称三类罪犯）减刑、假释，必须从严把握法律规定的‘确有悔改表现’‘立功表现’‘重大立功表现’的标准。对三类罪犯‘确有悔改表现’的认定，不仅应当考察其是否认罪悔罪，认真遵守法律法规及监规、接受教育改造，积极参加思想、文化、职业技术教育，积极参加劳动、努力完成劳动任务，而且应当考察其是否通过主动退赃、积极协助追缴境外赃款赃物、主动赔偿损失等方式，积极消除犯罪行为所产生的社会影响。对服刑期间利用个人影响力和社会关系等不正当手段企图获得减刑、假释机会的，不认定其‘确有悔改表现’。”

---

① 指贪污或受贿罪——引者注。

② 指“贪污数额特别巨大或者有其他特别严重情节”抑或“数额特别巨大，并使国家和人民利益遭受特别重大损失”——引者注。

第四章 腐败后果消除

第二十九条 因腐败行为而订立的合同为无效合同，取得的特许权或通过的法律法规等文件应按照法定程序予以撤销。因上述行为导致善意第三人合法利益受到侵害的，善意第三人应直接向腐败行为人提出诉讼，请求赔偿。

说明：

本条规定因腐败订立的合同、取得的特许权或通过的法律法规等文件的法律效果，以及因此而导致善意第三人合法利益受损时的救济方案。

理由：

腐败行为是一种较为严重的违法行为，因腐败之非法行为产生的一系列结果应当给予否定性评价，此乃对待此类违法行为之一般规则，亦与我国当前相关法律规范相衔接。例如，《中华人民共和国合同法》第五十二条规定了损害社会公共利益而订立的合同应当归于无效；又如《中华人民共和国行政许可法》第六十九条规定了对于滥用职权或者玩忽职守的设定的行政许可，相关行政机关可以根据利害关系人的申请或者依职权撤销行政许可。相应的，如果腐败行为导致合同无效、特许被撤销等情形，合法利益受损的善意第三人可以通过诉讼的方式向腐败行为人请求赔偿。

立法例：

《白俄罗斯共和国反腐败法》第十一条：“国家机关、其他机构及其公职人员在其职权范围内，以及白俄罗斯共和国公民，均有义务给实施反腐败的国家机关和参与反腐败的国家机关及其他机构提供协助。国家机关、其他机构及其公职人员对实施反腐败的国家机关所查询的信息、文件及反腐方面的其他材料应当立即提供，如果无法立即提供，则应当在3日内提供。含有国家秘密、银行秘密或者法律保护的其他秘密信息和文件，依照白俄罗斯共和国法律规定的程序提供。[1]”

《哈萨克斯坦共和国反腐败法》第十九条：“因贪污违法造成的交易由法院经法律程序裁定无效。因贪污形成的文件和行为由负责通过或废[2]除相关文件的机关或官员或法院根据有关自然人或法人或检察机关的诉讼予以废除。”

第三十条　因腐败犯罪导致国家经济利益损失的，应按照法定程序予以赔偿；因腐败行为导致其他自然人、单位的权利或经济利益受到损害的，应按照法定程序恢复权利，赔偿损失。

因腐败行为受到损害的任何人有权为获得赔偿而向该损害的责任者提出民事诉讼。

损害赔偿的诉讼时效为10年，从腐败行为实施之日起计算。

说明：

此条为因腐败行为直接给国家、自然人、单位遭受损失时的救济制度，相关主体可以依法请求恢复被损害的权利或者主张赔偿经济损失。此条规定与《联合国反腐败公约》第三十五条相衔接。

① 中央纪委法规室、监察部法规司编译：《国外防治腐败与公职人员财产申报法律选编》，中国方正出版社2012年版，第93页。

② 中央纪委法规室、监察部法规司编译：《国外防治腐败与公职人员财产申报法律选编》，中国方正出版社2012年版，第109页。

理由：

公职人员本应履行特定职能。如果公职人员背离特定职能要求实施腐败行为，给国家、自然人或单位造成经济损失，属于非法行为造成他人（包括国家、自然人、单位）损害，当然依法由其自身承担相应的赔偿责任。基于相似的理由，自然人、单位的权利因腐败行为受到损害的，属于非法行为损害他人（包括自然人、单位）权利，因此，应当依法对该权利予以恢复。

立法例：

《乌克兰预防和惩治腐败法》第二十条："由于腐败犯罪给国家造成的损失应按法律规定的程序予以赔偿。"第二十二条："因腐败违法行为而造成权利受到损害、精神和财产受到损失的自然而和法人，有权按照法律规定的程序要求恢复权利，赔偿损失。因执行预防和惩治腐败任务的主体的违法行为给自然人和法人造成的损失，由乌克兰国家预算按法律规定予以赔偿。因执行预防和惩治腐败任务而由国家、克里米亚自治共和国、地方自治机关赔偿损失的主体，有权依据法院的生效判决，向造成危害的人员按赔偿的额度提出返还代偿的要求。"

第三十一条 因腐败行为获得的财产、财产性利益，按法定程序予以没收，其他个人合法财产不得没收。旅行、疗养、服务等不正当利益无法没收的，按法定程序折算市场价格进行追偿。

说明：

此条明确了腐败获利的财产、财产利益应当没收，但以腐败犯罪分子非法财产为限。

理由：

“任何人不得从其违法行为中获利”，因此，腐败行为所非法获得的财产、财产性利益当然不能由犯罪分子所保有，因此有必要对其进行依法没收。对于无法没收的财产性利益也不能归属于腐败犯罪分子，而应当通过市场价折算并进行追偿。需要注意的是，此处没收的对象属于非法财物，包括犯罪分子非法使用的工具、贪污受贿的财物等，但是属于犯罪分子的合法财产则不得没收，这与我国《刑法》附加刑中的没收制度有着根本性差异。我国《刑法》附加刑中的没收对象是犯罪分子合法财产的一部或者全部，这种通过没收方式转移合法财产的所有权缺乏一定的法律依据，且与《联合国反腐败国际公约》等国际立法脱轨严重。故此，应当重新定位没收制度，将其没收范围限定为因腐败获得的财产、财产性利益，对于犯罪分子的合法财产则仍然依法保护，从而为国际反腐合作创造条件。

立法例：

《越南反腐败法》第二十六条：“在调查、起诉、审查贪污腐败犯罪过程中，调查机关、检察院、法院有责任对其贪污腐败行为进行严明、及时的处置，依照法律规定采取各种必要措施收回被侵占的财产。”第二十七条第二款：“对贪污腐败行为证据确凿但未达到需要追究刑事责任的程度美国家检察机关首长应将档案转交有关职能单位、组织首长并要求其对贪污腐败行为者进行纪律处分，采取各种必要措施回收被侵占的国家财产。”

第五章 国际合作

第三十二条 中国根据签署的国际条约或互惠原则，在尊重各自独立、主权、领土完整和互利的基础上，与其他国家执法机关和专门机关展开最为广泛的反腐国际合作。

说明：

此条规定了反腐国际合作的一般原则，是反腐国际合作机制的运行基础。

理由：

反腐国际合作符合世界多数国家的共同利益诉求，是确保反腐工作全面有效开展的必要条件。在当前浩荡的反腐热潮之下，许多腐败分子闻风而动、伺机逃往国外，并携带大量的资金，给国家和人民造成了巨大的损失。据全球金融诚信组织（Global Financial Integrity）发布的《发展中国家非法资金流出：2001 ～ 2010》统计，2001 ～ 2010 年十年间，中国（大陆）因逃税、腐败和犯罪而产生的非法资金外流达 2.74 万亿美元，占全球各国非法资金外流的近 50%，是非法资金流出最多的国家。由于缺乏腐败犯罪的国际合作，我国只能通过引渡的方式将犯罪分子带回国内审判，但由于引渡条约有限性以及政治犯不引渡原则的限制，多数逃往国外的腐败犯罪分子得不到有效的制裁。为此，加强反腐的国际合作势在必行。当然，反腐国际合作应当根据相关国际条约，以互惠互利为原则，尊重各自独立、主权、领土完整，如此才能确保反腐国际合作长期深入的展开。

立法例：

《俄罗斯联邦反腐败法》第四条："俄罗斯联邦依照其前述的国际条约和根据互惠原则跟其他国家及其执法机关和专门机关在反腐败领域进行合作，以及为下列目的跟国际组织进行反腐败领域的合作：（1）确定实施腐败犯罪的嫌疑人（被告人）及其住所及与腐败犯罪相关的其他人的住所；（2）查明因腐败违法行为所得的财产或者作为其实施工具的财产；（3）在必要情况下提供物品或样品用于调查或者进行司法鉴定；（4）在反腐败问题方面进行信息交换；（5）协调预防腐败与打击腐败方面的活动。外国公民、不在俄罗斯联邦经常居住的无国籍人、依照外国法律成立具有民事权利能力的外国法人及其分支机构和代表机构被指控（涉嫌）在俄罗斯联邦境内外实施腐败违法行为，在俄罗斯联邦签署的国际条约和联邦法律规定的情况下，应当依照俄罗斯联邦法律承担责任。”

第三十三条　在执法合作、司法协助方面建立最为广泛的国际合作关系，包括：

（一）情报交换；

（二）联合侦查；

（三）采取特殊侦查手段；

（四）司法协助；

（五）刑事诉讼的移交；

（六）被判刑人的移管；

（七）其他司法与执法合作。

说　明：

本条是有关反腐国际合作的具体方式的规定。

理　由：

社会的进步，交通和通讯事业突飞猛进的发展，为人类社会的交往带来了便利，也为一些不法之徒进行跨国犯罪或犯罪后潜逃国外开了方便之门。加之经济全球化的发展，各国间的政治交往和经济交往均日益密切，腐败犯罪逐渐呈现出跨国跨地区的特点，使得各国各自的反腐行动受到了挑战。然而按照国际法准则，每一个国家不论大小，都拥有主权，一个国家的司法机关不能进入他国逮捕犯罪嫌疑人或者进行搜查、扣押等刑事诉讼行为。所以，为了不使潜逃国外的犯罪嫌疑人逃避法律的制裁，有效打击有涉外因素的犯罪，国家间开展执法合作与司法协助是十分必要的。

立法例：

《俄罗斯联邦反腐败法》第四条："俄罗斯联邦依照其前述的国际条约和根据互惠原则跟其他国家及其执法机关和专门机关在反腐败领域进行合作，以及为下列目的跟国际组织进行反腐败领域的合作：（1）确定实施腐败犯罪的嫌疑人（被告人）及其住所及与腐败犯罪相关的其他人的住所；（2）查明因腐败违法行为所得的财产或者作为其实施工具的财产；（3）在必要情况下提供物品或样品用于调查或者进行司法鉴定；（4）在反腐败问题方面进行信息交换；（5）协调预防腐败与打击腐败方面的活动。外国公民、不在俄罗斯联邦经常居住的无国籍人、依照外国法律成立具有民事权利能力的外国法人及其分支机构和代表机构被指控（涉嫌）在俄罗斯联邦境内外实施腐败违法行为，在俄罗斯联邦签署的国际条约和联邦法律规定的情况下，应当依照俄罗斯联邦法律承担责任。"

《乌克兰预防和惩治腐败法》第二十七条："乌克兰根据签订的国际条约，与外国和国际组织开展预防和惩治腐败国际合作。对腐败违法案件的司法援助和其他形式的国际合作由主管部门根据经乌克兰最高议会批准的法律和国际条约实行。[①]"第二十九条："乌克兰有关主管机构可以向外国

① 中央纪委法规室、监察部法规司编译：《国外防治腐败与公职人员财产申报法律选编》，中国方正出版社2012年版，第87页。

有关部门提供信息并从外方获取信息，可以在乌克兰最高议会批准签订的国际条约框架下，交流预防和惩治腐败问题的有关信息。向外国有关部门提供与预防和惩治腐败有关的信息必须符合要求，即这些部门和乌克兰的有关主管机构已建立起信息查询制度，规定信息不能用于其他目的或不能随意公开，未经批准不能查阅。”

《乌拉圭反对滥用公共职权（腐败）法》第三十一条：“涉及本法所预见罪行的引渡程序应按照程序现行的经共和国批准的国际条约活协议的规定启动。如上述协约未作规定，则参照《刑法》《刑事诉讼法》以及下列条款所预见的有关规定实施。”第三十四条：“由教育部和文化部国际司法合作司所属中央政府国际司法合作顾问办公室负责接受外国政府提出的对涉及本法所预见的犯罪事实进行调查或审理进行国际刑事法律合作申请，例如办理简单手续、取证、预防犯罪或冻结、没收或转移财产等方面的司法协助。该办公室将有关申请转交国内相应的司法机关或行政部门处理。法官遵照共和国的法律对申请进行办理。除非涉及财产冻结、没收或转移类的案件，进行合作不需要根据国内法对所调查或审理的行为是否构成犯罪进行核实。凡涉及解除银行秘密、搜查任何封存、托管和交付银行的物品，必须遵循共和国现行的程序法。如合作申请严重扰乱了公共秩序、共和国的安全或其他根本利益，将不予受理。外国政府提出合作申请意味着已了姐并接受本条所阐明的原则。”

《坦桑尼亚预防与打击腐败法》第五十六条：“无须考虑部分的前述规定，外国或政府可披露有助于预防与打击腐败启动或开展调查、起诉、司法程序的信息，以及有关犯罪所得的信息。”

第三十四条 基于互惠互利原则，承认和执行国外腐败资产的没收裁决，依照法定程序冻结、扣押、查封中国境内的腐败资产，加强腐败资产追回国际合作。

说明：

本条是关于解决腐败问题中资产追回难而设定的相关规定，为追赃的国际合作提供制度保障。

理由：

全球化的腐败需要全球化的反腐行动，于是《联合国反腐败公约》应运而生，“互惠原则”便是其基础。从国际司法合作的意义上讲，“互惠”的英文表述是 reciprocity，意思是说给予对等的待遇，即要求请求国在遇到类似案件时给予同样的合作。

从我国现实实际出发，在境外追赃方面我国目前仍没有太大作为。仅有少数几起案件取得了成功，但是与被非法转移到境外的巨额资产相比，所追回的资产也许连“冰山一角”都谈不上。随着腐败日益成为国际公害，危害着世界各国尤其是对发展中国家的经济影响巨大，越来越多的国家认识到打击腐败犯罪不能只依靠一国之力，而必须将各国之力联合起来。而境外追赃，即把非法转移到境外的违法所得及收益加以追回，对于各国来说都是反腐败斗争中极为困难又亟待解决的难点，这也是我们希望通过国际司法合作可以将该问题解决的初衷。

故而，我们提出我国率先承认和执行国外腐败资产的没收裁决，并依照法定程序冻结、扣押、查封中国境内的腐败资产，为之后我国海外追赃创造条件。

立法例：

《乌克兰预防和惩治腐败法》第三十条："应当采取措施追缴腐败违法行为所得的资金和其他财产，并根据乌克兰的法律和所签订的国际条约支配这些资金和财产。"

第三十五条　强商业银行等金融机构反洗钱的监管力度，建立广泛的反洗钱情报交换和检测国际合作机制。

说明：

本条是关于加强商业银行等金融机构监管力度的规定，以致力于在国际反腐败的合作中建立最为广泛的反洗钱情报交换。

理由：

从现实的实例来看，将非法资金转移到国外的贪腐分子并不会像人们所想的那样将现金放在箱子或携带在身上带出国门。而是会选择更加隐蔽、私密的方式进行，即洗钱。通过这种方式，不仅会为犯罪嫌疑人争取到更加充裕的时间，而且会将该笔款项的改为"形式合法"，这对本来就难以追回的赃款又加大了难度。

犯罪分子往往是通过虚假的贸易和金融交易，或者通过海外的经营买卖活动来改变资产的形态并赋予其"合法"的形式。通过此种洗钱方式完成的资产转移大大增加了我们甄别和证明资产来源的难度，所以，加强对金融机构监管是十分必要且急迫的，并会在国际合作中起到至关重要的作用。

立法例：

《乌拉圭反对滥用公共职权（腐败）法》第三十条："（洗钱）明知某些

金钱或其他资产系因《刑法》第一百五十六、一百五十八、一百五十八第二款、一百六十、一百六十一、一百六十二、一百六十三、一百六十三第二款、一百六十三第三款或本法第二十九条所列的犯罪行为所得，却对核实来源、开展调查、实施查抄或没收的行动进行阻挠者，将被判处三个月的监禁或六年有期徒刑。”

《乌克兰预防和惩治腐败法》第十四条：“以下信息不予保密，也不构成商业或银行机密：(1) 本法第二条1～2款所列人员从自然人或法人处获取的慈善援助或其他援助的额度或形式；(2) 本法第二条1～2款所列人员获得的奖金数额和形式，以及与这些人员或其亲属收取礼品有关的交易；(3) 本法第二条1～2款所列人员的亲属按照民事法律协定所进行的就业、工作和所提供的劳务，法律另有规定的除外。”

第六章　附　则（从略）

第三十六条　本法自××××年××月××日起实施。

自生效之日起，其他法律与本法冲突的，以本法规定为准。

图书在版编目（CIP）数据

中国反腐败立法研究 / 刘艳红等著. —北京：中国法制出版社，2017.12

ISBN 978-7-5093-8283-7

Ⅰ. ①中… Ⅱ. ①刘… Ⅲ. ①反腐倡廉—立法—研究—中国 Ⅳ. ① D922.110.4

中国版本图书馆 CIP 数据核字（2017）第 039759 号

策划编辑 舒 丹

责任编辑 马 颖 王雯汀　　　　封面设计 李 宁

中国反腐败立法研究

ZHONGGUO FANFUBAI LIFA YANJIU

著者 / 刘艳红等

经销 / 新华书店

印刷 / 北京京华虎彩印刷有限公司

开本 / 787 毫米 ×960 毫米 16 开　　　　印张 / 17.5 字数 / 206 千

版次 / 2017 年 12 月第 1 版　　　　2017 年 12 月第 1 次印刷

中国法制出版社出版

书号 ISBN 978-7-5093-8283-7　　　　定价：49.00 元

北京西单横二条 2 号　　　　值班电话：010-66026508

邮政编码：100031　　　　传真：010-66031119

网址：http://www.zgfzs.com　　　　**编辑部电话：010-66060794**

市场营销部电话：010-66033393　　　　**邮购部电话：010-66033288**

（如有印装质量问题，请与本社编务印务管理部联系调换。电话：010-66032926）

中国法学会优秀课题成果文库

ZHONG GUO FA XUE HUI YOU XIU KE TI CHENG GUO WEN KU

·2016·

刑事诉讼法修改后的司法解释研究　王敏远等 著

农村土地股权制改革：现实表达与法律应对　刘云生 著

技术侦查制度中的隐私权保障问题研究　胡忠惠等 著

社会保险基金信托法研究　黎建飞 主编

继承法修订入典之重点问题　杨立新 主编

证券欺诈规制的实证研究　邢会强 著

审判人员职能配置与分类管理研究　江必新 主编

中国特色社会主义法治发展道路　李林 主编

强化虚拟社会管理与健全网络立法研究　常健等 著

·2017·

食品安全风险交流的法律制度研究　孙颖 著

财政责任视野下的地方政府债务治理研究　王婷婷 著

减刑、假释案件审理程序规范化研究　茅仲华等 著

中国反腐败立法研究　刘艳红等 著

新刑事诉讼法实施问题研究　卞建林　陈卫东等 著

非法经营罪适用问题研究　王安异 著

《政府信息公开条例》评估报告　叶必丰等 著

审判中心与刑事诉讼　胡铭 著